育ててわかった

発達障害の子の就学・就労・自立の話

立石美津子

第三文明社

まえがき

23年間自閉症児を育てています

私が息子を出産したのは、今から23年前のことです。高齢出産だったので〝不安の中で妊婦生活を送りたくない〟という軽い気持ちで、出生前診断を受けました。

当時の出生前診断でわかることは、〝13トリソミー・18トリソミー・21トリソミー（ダウン症候群）・二分脊椎《せきつい》・特定の遺伝性疾患《しっかん》〟など、星の数ほどある障害のほんの一部だけでした。

ですから、検査で陰性であっても〝お腹《なか》の子どもは、１００％障害はありません〟との証明をされたわけではありませんでした。当時の私は、そんなこともわかっていない妊婦だったのです。

2歳3カ月で息子が自閉症と診断をされた時、担当の医師から「お母さん、自閉症は生まれつきの脳の障害で一生治《なお》ることはないですよ」と言われ、目の前が真っ暗になりました。

健康な子でありますように。元気な赤ちゃんが生まれますように——。母になろうとしている人はみなそう願います。誰も〝障害のある子を産みたい〟とは思わないでしょう。

でも、今振り返ると苦労はいろいろありましたが、もう一度妊娠できたとしても、〝私は私の息子がいい〟と思えるようになりました。そして、21年前に戻り、診断された直後、病院の待合室で泣いている過去の私の肩をポンポンと叩《たた》き、「何とかなるよ。この子の存在があなたの喜びになるよ」と言ってやりたいです。

このたび、これまで月刊誌『灯台』で連載してきた「テキトー母さん流 発達障害の子を育てるヒント」、そして「親子で幸せになる発達障害の子の育て方」を1冊にまとめることになりました。障害受容《じゅよう》、療育《りょういく》選び、カミングアウト、学校選びなど、子どもの将来を左右する大切な〝分岐《ぶんき》点〟で、親としてぶつかるさまざまな悩みと解決法を、息子のエピソードを交《まじ》えながらお伝えしていきます。

２０２３年12月

立石美津子

目　次

【第3章】子育てで気をつけたいこと

【第4章】学校選びのポイント

【第5章】大人になってからの向き合い方

【第6章】発達障害の理解を広めるために

本書は、月刊誌『灯台』２０１８年1月号から連載された「テキトー母さん流発達障害の子を育てるヒント」、同じく２０１９年1月号からの連載「親子で幸せになる発達障害の子の育て方」の内容を加筆修正し、まとめたものです。

装丁・本文レイアウト／有限会社サンユウシステム　平柳豊彦・平柳直彦
イラスト／今井久恵

【第1章】発達障害の子の特徴——自閉症の息子の体験から

オウム返しだっていい

自閉症の子の言葉の練習

自閉症児の子育てで、言葉が出るかどうかは一番気になることです。私の場合、息子がしゃべるようになっても、変な言葉づかいをしていたので、正しい言葉を覚えてもらおうと、言葉の練習で〝モーレツ母さん〟になっていました。

母「これは葉っぱよ、葉っぱ」
子「これは葉っぱよ、葉っぱ」
母（怖い顔になり）「そうじゃなくて、葉っぱ！」
子「そうじゃなくて、葉っぱ」
母（さらに怖い顔になり）「葉っぱ！」
子「葉っぱ」

私は〝やっとできるようになった〟とホッとします。でも、かえって息子はオウム返しが定着してしまい……。

母「お名前はなんですか」

子「お名前はなんですか」

母「お名前はなんですか。立石でしょ！」

子「お名前はなんですか。立石でしょ！」

さらに……。

母「お名前を教えてください」

子「……」

質問の仕方が異《こと》なると、途端《とたん》に固まってしまいます。

最近もこんなことがありました。タクシーに乗った時、運転手に「僕のお名前は？」と聞か

れました。すると息子は、「鈴木太郎」とタクシーの運転手のネームプレートを読み上げました。会話が噛《か》み合わないのです。

息子とオウムとの決定的な違い

オウムに「おはよう」と声をかけると「おはよう」と答えてくれます。でも、そこに感情はありません。また、人間が「おはよう」と言っても、オウムは「おはよう。今日の予定は？」「よく眠れた？」と能動的には答えてくれず、会話は続きません。

18歳になった頃の息子は、何か要求がある時はしゃべりましたが、あいさつに関してはオウム返しをしました。「行ってらっしゃい」と私が見送ると、息子は「行ってらっしゃい」と笑顔で元気に手を振りながら玄関から出ていきます。

でも、オウムとの決定的な違いは、言葉に意思や心があることです。単なるオウム返しではないからこそ、私は毎朝、笑顔で「行ってらっしゃ～い」と息子を見送っています。

身近に、18歳になっても言葉が出ない子がいます。でも、その身ぶり手ぶりや表情で、しっかりコミュニケーションがとれています。〝これも言葉の一つなんだな〟と感じます。私もあまり「言葉！　言葉！」と焦《あせ》らないようにしたいと思います。

そんな私も、息子のオウム返しに対応するあまり、最近は息子が言うべき言葉を先回りしてしまうことがあります。先日も息子が帰宅した時に、私から「ただいま」と言ってしまい、言葉の学習になかなかならないことがありました（笑）。

でも、よく考えてみると、「行ってらっしゃい」と言われた時は「行ってきます」と返し、「おかえり」と言われた時は「ただいま」と、置かれた状況により言い回しを変えなくてはならない日本語って、実はすごーーーーーく難しいですよね。もしかして、外国人にとっても同じなのかもしれませんね。

「人に迷惑がかかるでしょ」は通じない

自閉症児に難しい〝心の理論〟

「相手の気持ちを理解し、類推《るいすい》すること」。これを〝心の理論〟といいます。自閉症児はこの獲得《かくとく》が遅れるといわれています。

この〝心の理論〟の発達検査があります（左頁のイラスト参照）。サリーは、アンがボールを箱に入れ替えたことを見ていないのですから、正解は「カゴ」です。ところが、自閉症児の多くはサリーの立場に立てないので「箱」と答えてしまいます。

心の理論が育っていないと、小学生になっても相手の気持ちを考えず、「太ってるね」「背が低いね」「ハゲてるね」と相手の容姿について思ったことをそのまま口にしてしまい、トラブルが起こります。

発達検査を受けた当時18歳だった息子は、検査の50％しか正解できませんでした。

主治医によると、通常、６歳を過ぎた定型発達児であればほぼ正解できるそうです。

ですから息子も、〝相手がこうすると嫌がるだろう〟ということがわからず、自分の気持ちだけで突《つ》っ走《ぱし》って、友だちにしつこくしてしまうことがあります。

そんな感じですから、私は息子に、「相手と話す時の距離を50センチあけよう」と絵で見せて、具体的に伝えています。

①サリーは､カゴを持っています。アンは、箱を持っています。
②サリーは、ボールを自分のかごに入れました。
③サリーは、外に散歩に出かけました。
④アンは、ボールをカゴから取り出すと、自分の箱に入れました。
⑤サリーがボールを探すのは、カゴと箱、どちらでしょう？

イラスト：高田佑太朗

やってほしいことは具体的に伝えよう

自閉症ではなくても、４歳くらいまでの子どもは「心の理論が育っていない」といわれています。噛《か》みついたりいきなり玩具《おもちゃ》を奪《うば》い取ったりして、トラブルが多発する時期です。「友だちが嫌がることはしないで」と叱《しか》っても、相手の気持ちがなかなか理解できない年齢なので、親の言葉は左耳から右耳へ通過していきます。

こんな時は、「欲しい時は噛みついたり叩《たた》いたりしないで、『貸して』と言おうね」と代替案を示したり、言葉がまだ出ていなかったら、「貸して」と手を出す動作を親が見せ、真似《まね》させましょう。

また、相手の立場に立てない子にとって、「人に迷惑がかかるのでやめなさい！」との注意は通じません。かえって額面《がくめん》通りに受け取り、「人がいなければやっても構わない」と考えてしまうかもしれません。

時たま、「他のお客さんに迷惑がかかるから、静かにしていなさい」「ほら、運転手さんに怒《おこ》られちゃうよ」と叱っている親を見かけますが、「たまたまその車両に他の乗客がいなければやってもいい」「運転手が優しい人で怒られなければ騒《さわ》いでもよい」と考えてしまうかもしれません。

こんな時はシンプルに、「電車やバスはお家ではないから、口は閉じていよう」と伝えましょう。

社会性がまだ育っていない時期に、〝相手の立場に立って〟はハードルが高いのです。自分中心に生きている幼児期は、自分の気持ちを大切にされる経験を通して、相手の気持ちもわかるようになっていくものです。

定型発達児でも自閉症児でも「やっていいこと、悪いこと」を明確に伝え、「こうすればいいよ」と具体的な行動を示すことで、望ましい行動をとりやすくなるのかもしれませんね。

初めての言葉は「まだ、食べる！」だった

息子の意外な第一声

自閉症の子は言葉が遅れることがあります。単語を一生懸命に教えても、言葉のオウム返しが増えるだけになることもあります。

たとえば、電車の型番、国の名称、リンゴの銘柄《めいがら》などをいくら覚えていても、「ママ、電車に乗ってお出かけしたい。行こうよ！」や「お母さん、このリンゴ美味《おい》しそうだね。買って、買って！」などの会話はなかなかできません。

英語だって英単語を山ほど知っていても、「外国人と話したい」という動機がなければ、英会話は上達しません。自閉症の子は、これと似ているように感じています。

息子が5歳の時の出来事です。私たちは飲食店でうどんを食べていました。うどんの切れ端《はし》が1本残っている息子の器《うつわ》を、店員さんが下げようとしたその時です！「ま

だ、食べる！」と息子が突然叫《さけ》んだのです。店員さんは慌《あわ》てて器を戻しました。

それまで、全《まった》くしゃべらなかった息子でしたが、初めて言葉をしゃべったのです（しかも二語文でした）。初めての言葉は「お母さん」ではなかったですが、嬉《うれ》しくて舞い上がったことを思い出します。

さて、なぜ息子はこの時、この言葉が出たのでしょうか？　それは、「うどんを最後の1本まで食べたい、器を下げようとしている店員に何がなんでも伝えたい」という強い動機があったからです。

この経験をきっかけに〝要求を叶《かな》えるためには言葉という便利なものがあるん

だ〃と理解したのか、徐々に、「○○がしたい」「○○を食べたい」などとしゃべるようになりました。

言葉の便利さを体験させる

物心がつく前の子どもは、友だちが使っている玩具《おもちゃ》が欲しくなった時に、相手に噛《か》みついたり、突《つ》き飛ばしたりすることがよくあります。ただ、これをすると奪《うば》われそうになった相手から逆に叩《たた》かれたり、噛みつかれたりすることもあります。

そんな時、「貸して」と言葉にしたり、手を差し出したりしてみたら、相手に怒《おこ》られずに貸してもらえます。小さい子は、このような経験を通して言葉を獲得《かくとく》していくのです。

それと同じように、自閉症の子にも〝望みを叶えるためには「言葉」という便利なものが存在するんだ〃ということを体験させるしかありません。

18歳の頃の息子は、言葉は遅れていますが、「抱《だ》っこしてあげようか」と言うと、「赤ちゃんじゃない！　お母さんしつこい！」と反発しました。また、しいたけが苦手な息子にしいたけ入りスープを出すと、「食べない！もうつくらないで！」と言いました。ちゃんと会話として成り立っているので、そのことを嬉しく感じた親バカな私でした。

「芋虫を食べなさい」と言われたら……

発達障害の子に多い感覚過敏

発達障害の子どもには、感覚過敏《かびん》がある子も少なくないと言われています。なかでも、味覚過敏で数種類しか食べられないケースもあり、過敏な子になると好き嫌いが多いというより、「○○社のカレーしか食べられません」という子もいます。

これをわがままとして、しつけたらよいか、感覚過敏なので許してもよいものか悩みます。でも、自分が「3度の食事でバリウムをお茶代わりに飲みなさい」「芋虫《いもむし》を少しだけでもいいから食べなさい」と言われたらどうでしょうか。絶対に嫌ですよね。感覚過敏とはそのようなものだと思います。

さて、食事で一番大切なことは、〝食事は楽しい〟と体験させることではないでしょうか。親はつい〝世の中には美味《おい》しいものがたくさんあるのだから、もっと食事の幅《はば》を広げてほしい〟〝同じものばかり食べていると、栄養が偏《かたよ》る〟と心配になりますが、大人になって「あれも食べられない、これも食べられない」という人は少ない気がします。むしろ、嫌いなものを口に押し込まれた経験がトラウマになり、そのことがきっかけとなって嫌いになることがあるのです。

無理せず押しつけず、子どもに寄り添う

こんな文章を見つけました。著者の息子さんは、就学前まで米を食べられなかったそうです。そこで〝日本人なのにお米が食べられない。これは何とかしなければ〟と母親は考え、綿密《めんみつ》な計画を立てます。例えば、保育園から帰った一番お腹《なか》が空《す》いている時に、ほんの一口ご飯を食べさせ、その後、大好きなチョコレートを食べてよい許可を与える等です。

その結果、息子さんは家に帰ることを嫌がり、あげくの果《は》てに保育園に迎えに行った母親の顔を見るなり先生にしがみついて、離れない状態になってしまいました。

ところが、スーパーに行った時のこと。試食販売のおばさんが、小さなカップに一口大のご飯を入れ、商品のふりかけをかけたものを息子さんに渡したそうです。すると、嬉《うれ》しそうに食べたというのです。そして、その日を境《さかい》にふりかけご飯が大好きに……。最後に、その文には次のような言葉が書かれていました。

「期待も押しつけもしない、ちょっと太った試食販売のおばさん。私はそんなお母さんになろうと思いました。障害のある子の親はついつい専門家もどきになってしまう。でも、親が療育《りょういく》の専門家になってしまうと子どもには親がいなくなる。障害のある息子と向き合った時、私はやっぱり親でいたいと思いました」（福井公子著『障害のある子の親である私たち』、生活書院）

息子も偏食《へんしょく》でした。でも今は何でもモリモリ食べています。もし、過去に時間を戻せるのだったら幼児期に戻り、「嫌いなものは食べなくていいんだよ、食事時間を楽しんで」と息子に言ってやりたいです。

そして過去の自分の肩をポンと叩《たた》いて、「美津子さん、そんなに真面目《まじめ》に一生懸命にならなくたっていいですよ。もっと今を楽しんで」と声をかけてやりたいです。

偏食指導はほどほどに。

定型発達児と自閉症児との違い――0～2歳児編

第1子だと気づかない定型発達の子との違い

私はファミリーサポートの援助会員として、幼い子を預かっています。定型発達のお子さんを0歳の頃から預かり、すでに2歳になりました。自閉症の息子が赤ちゃんだった頃との違いを感じています。

第1子が定型発達児だった場合、2人目が自閉症であったら、〝あれ、なんか性格や個性では説明できないものがあるぞ……〟と、発達の凸凹《でこぼこ》の気づきは早いかもしれません。

けれども、第1子が自閉症だった場合、〝0歳ってこんなものかな〟と思ってしまい、気づきが遅くなるかもしれません。その後、第2子を産んでみて、その子が定型発達児だった場合は、上の子が通常の発達の赤ちゃんではなかったことが改めてわかることもあります。

自閉症に早く気づき、特性に合った育児を

今回は、定型発達児を預かってみて気づいた、自閉症児とは違う特徴をまとめてみました。

・指さしをする（取ってほしい玩具《おもちゃ》などを指す）。
・言葉はしゃべれないが表情で訴《うった》える。
・手の甲を相手に向ける逆《さか》さバイバイではなく、正しい方法でバイバイをする。
・親が迎えにきたら、嬉《うれ》しそうに近寄る。
・名前を呼ぶと反応する。
・親が両手を広げると「抱《だ》っこしてほしい」のポーズをとり、両手を広げる。
・抱っこすると大人に身体《からだ》を預けてくる（カチカチでなく、柔《やわ》らかい）。

・手をつなぐことができる。
・オムツ替えや靴を履《は》く時に協力してくれる（足を出すなど）。
・テレビの子ども番組の踊《おど》りを真似《まね》する。また、大人の真似もする。
・絵本に載《の》っている食べ物をつまんで食べさせようとすると、口を開ける。
・知らない人を警戒《けいかい》する。
・知っている人に笑いかける。
・散歩の時、よその子がいると関心を持つ（喜んだり、怖がったりの反応）。
・他の子が使っている玩具に興味を示す。
・大人から離れると、不安げな表情をする。

私は特別支援学校の教員免許を持ち、仕事でも自閉症児との関わりが多かったにもかかわらず、0歳の時は、息子が自閉症児であることに全《まった》く気がつきませんでした。もちろん、前述の項目に当てはまらないからといって、わが子が自閉症であると決めつけることはありません。ただ、不安に押しつぶされそうになり、いたずらに毎日悶々《もんもん》とするよりは、専門医を受診することも一つの方法だと思います。診断を受けると当然ショックを受けますが、これからの育て方がわかり、道が開けます。

幼い頃の息子は、逆さバイバイすらしませんでした。逆さバイバイする子は、人に関心がある証拠です。

成人した息子は逆さバイバイではなく、「行ってらっしゃい」と言い、出かけます。本人は「行ってきます」の意味で「行ってらっしゃい」と私に言います。〝間違っているけれども人の真似をしている点では成長してるのかな〟と思います。

定型発達児と自閉症児との違い――2歳児編

息子にはなかった「いやいや期」

今回は、（2歳の頃の）自閉症の息子にはなく、定型発達の子にはある特徴をまとめました。

■魔のいやいや期

私が「靴下を履《は》こう」と言ったら「いや！」と言い、「だったら裸足《はだし》でいよう」と言っても「いや！」と、命令されることが嫌な様子です。でもこれも立派な会話です。息子には特定の期間の「いやいや期」はなく、小学校低学年まで、自傷・パニックの毎日が続いていました。

■大人の表情を読み取る

発達障害の人のなかには、その場の空気や相手の声のトーン、顔つきを見て、拒否なのか歓迎なのかを判断できない人がいます。息子は成人した今でも相手が拒否の素振りをしているのに、しつこくしてしまい、相手から嫌がられています。

一方、定型発達の2歳児は、開けてはならない戸棚を開けようとした時、私が「あれ？あらら？」といつもと違う話し方をすると、「やっちまった」という顔つきをします。

■ごっこ遊びができる

ままごとの道具を本物に見立てて皿に置き、食べるそぶりをすることができます。見立て遊びができるのは、想像力が発達している証拠です。

■人の真似をする

友だちが石を投げていたら真似《まね》をします。友だちが砂場で遊んでいると自分もやりたがります。これは他人がしていることに興味・関心があるからです。言葉も人の真似をしてどんどん増えていっています。

■泣き真似をする

大人にかまってほしくて、時々〝カマッテちゃん〟に変身します。転《ころ》んで1分以上経《た》って痛みは引いているのに、私の気を引くために泣き真似をします。涙が出ていないことで、私は泣き真似だとわかります。

質問の意図をくんで答えることができる

このほか、定型発達の2歳の子は、質問に的確に答えることもできます。

「これ、だあれ？」と私自身を指さして聞くと、かわいい声で「たていしゃん」（立石さんの意味）と答えてくれます。息子は小学生の頃も、「これ、だあれ？」と私が自分の顔を指さして聞いても、「お母さん」ではなく「鼻」と答えていました。相手の立場になって話を理解することができず、その場に合った答えができないのです。

23歳の息子と2歳児を比べて、私はいまだに〝比べる病〟に侵《おか》されていますが、息子も日々、成長しています。

例えば、トイレットペーパーがなくなったら、率先《そっせん》して新しいものに取り換《か》えてくれます。次に使う人の身になっているのか、パターン化しているのかわかりませんが、ともかく換えてくれます。また、新聞を取りに行くなど、決められた家事は文句を言わずにやります。

私も自閉症児を育てる親として見る視点を習得し、成長しているのかもしれません。

遠足や運動会を拒否する自閉症の子どもたち

遠足の予行練習でパニックを防ぐ？

自閉症の子のなかには生まれつきの〝想像力の障害〟によって、いつもと違う予定に対して、不安感から拒否するケースがあります。

幼稚園の発表会や季節ごとのイベント、お誕生会など、定型発達児にとっては楽しみな行事も、〝できれば欠席したい〟と本人は思っているかもしれません。

知人の子どもは、普段の園内行事の時も、見通しが立たない内容やいつもと違うタイムスケジュールだと、パニックを起こし、自傷してしまう状態でした。

ある時、通っている保育園で遠足が予定されていました。親子遠足ではないので保護者は付いて行けません。

知人は、〝少しでも皆と同じことを経験させたい〟〝パニックを起こして迷惑をかけないように〟との思いで、事前に園から当日の行程表をもらい、同じ電車に乗るなど予行練習を行ったそうです。しかし、うまくはいきませんでした。

運動会も、自閉症の子どもにとっては予測ができない事態が起こる場です。多くの観客が集《つど》い、ピストルの音や声援などの聞き慣れない音が耳に入ってきます。また、通常の保育や時間割と全《まった》く違う流れで進むプログラムに加え、見慣れない観客にも囲まれます。そのうえ、聴覚過敏《かびん》もあれば、ピストルの音やスピーカーから響《ひび》く音楽、観客の声援も苦痛になるかもしれません。

自閉症の子どものなかにも、予行練習をすることで、遠足や運動会に参加できるようになる子もいるかもしれませんが、そうではない子もいるのです。

自閉症の子の一人遊びを応援

わが子が石ころを並べる、国旗カードばかりに興味を持つなど、人以外のものに強い興味や関心を示す場合、〝お友だちと一緒に遊んで楽しんでほしい〟〝お友だちと同じことができるようになってほしい〟〝集団行動をしてほしい〟と思うのが親心です。

一般的な親御さんは、それが子どもの幸せにつながると、どうしても考えてしまうからです。でも、子どもにとってはどうなのでしょうか。

自閉症の子どもは一人遊びが好きだったり、他の子どもと関わることがストレスになったりすることがあります。

生まれつき、想像力の障害がある自閉症。石ころや葉っぱは自分の思った通り並べると、その位置でとどまってくれます。でも人間の場合、相手が予測もつかない行動をとることがあるために、見通しを立てることができず、不安材料となってしまうことがあるのかもしれません。

親は、わが子が人生を楽しめるようにと願うものです。ただその時に、自分だけの物差しで〝これが幸せだろう〟と決めてしまっていないか。一度振り返ってみる姿勢が必要かもしれません。

子どもの側に寄り添う応援団長になって、「無理にお友だちと同じことをする必要はない」「そのままのあなたでいい」という姿勢を、日頃から言葉や態度で示してあげてほしいと思います。この安心感が、子どもの幸せにつながると私は思います。

自閉症の息子へのいじめ

隣の小学校に呼ばれてみると……

私が住む自治体では、すべての小学校に特別支援学級（以下、支援級）が設置されているわけではありません。息子が小学3年生の時、帰宅するたびに、「きもい、きもい」と叫《さけ》んでいました。〝どこでそんな言葉を覚えたんだろう？〟と、私は不思議に思っていました。

2週間くらい経《た》って、隣の小学校の校長から、「お詫《わ》びをしたいので学校に来てほしい」と連絡がありました。

登校中、息子は通学路で一緒になる隣の小学校（この学校には支援級がない）の児童から、突《つ》かれたり罵倒《ばとう》されたりしていたらしいのです。通学路にある家の人が見るに見かねて通報し、私に連絡が来たのでした。

思い返せば、息子を連れて歩いている時、「変なやつがまた来たぜ！」と指をさされたことがありました。私は、その子どもたちを鬼のような形相《ぎょうそう》で追いかけ、叱《しか》りました。怖い親だと思われたほうが、被害に遭《あ》わなくなると考えたからです。

　私はその小学校に出向きました。校長が私に頭を下げました。そして、「息子さんに嫌な思いをさせて申し訳ありませんでした。今度、息子さんを連れて遊びに来てください。交流させましょう」と言われました。しかし私は、「息子は知らない友だちと関わることがストレスになるので」と、お断りをしました。

　息子が通う小学校では、休み時間や行事の

時は、支援級と通常学級の児童の交流があります。そのため、通常学級の子どもも息子のことを気にかけてくれていて、〝手助けしてあげなければ〟との気持ちが育っているようでした。一方で、隣の小学校の子どもたちは、身近にいない障害児のことを「異質で気持ち悪い」と思ったのでしょう。

机上では学べない思いやりの心

救われたのは、息子の知的障害が軽くはないので、〝いじめられている〟という意識がなかったこと。息子は「〝きもい〟いるかなあ？」と言い、〝きもい〟の意味がわからず、相手の子どもの名前だと勘違いしているようでした。

山田洋次監督の『学校Ⅱ』という映画のなかでも、軽度の知的障害のある生徒が、重度の子どもに対して、「お前はいいよな、自分がバカだってことわからないから。俺は自分がバカだってことがわかるから、すごくつらいんだ」というような言葉を呟《つぶや》く場面がありました。自分が他人とは違うことを意識できる知的障害の軽い子は苦しいと思います。

「障害児がいる学校では足を引っ張られてしまう」と、支援級がある小学校を嫌がる親御さんもいます。けれども、社会はさまざまな人で構成されています。机上の学習で「思いやりの心を持ちなさい」と言葉だけで教えても、うまくはいきません。

知的障害のある子と定型発達の子に同じ勉強を教えるなど、全部を一緒にすることについては甚《はなは》だ疑問を感じていますが、学校内で触れ合う機会があり、違いを当たり前のように経験するのは大切なこと。障害のある子にとってはどうかわかりませんが、少なくとも定型発達の子どもたちにとっては、教育上で必要なことではないでしょうか。

自閉症の子の友だち関係

一人行動が好きな成人した息子

成人した息子は、休日に一緒に出かける親友と呼べる友だちが一人もいません。一人行動が基本です。

幼い頃も一人遊びばかりしていて、友だちと関わることはしませんでした。関わることがあっても、それは相手の持っている玩具《おもちゃ》が欲しい時だけでした。

以前は私も、健常者の目線で、〝友だちをつくって一緒に遊ぶことは良いことだ。楽しいことだ〟との価値観を息子に押しつけ、息子を無理やり子どもたちの輪のなかに入れようとした時期もありました。しかし今は、無理強《じ》いせず、息子の自由にさせています。

大人になった様子を見ると、特に「友だちと関わりたくない」とか「関心がない」というわけではないようです。時に、人に興味を持つこともありますが、それが相手の気持ちを考えない一方通行のこともあるので、トラブルが起こることもあります。

社交辞令がいらない居心地のよい相手

ただ、一緒にいて心地よい相手はいるようです。特別支援学校時代から仲が良かったA君です。ある日、親同士で話し合って、同じ日にショートステイを申し込みました。

1泊したショートステイの翌日には、息子はこだわりのある便器を見るために外出、気の合うA君は電車を見に行くために外出と、それぞれ予定がありました。

前日の夕飯時は仲良くしているのに、翌朝、

息子はA君に何も声をかけず、トイレを見に行くために先に帰ってしまったようでした。

そこで、私はA君のママに、「息子が何の言葉もかけずに、先に帰ってしまったようでごめんね」と伝えました。すると、A君ママから、「息子が、『立石君はいい人すぎる』と言っていたよ」と返事がありました。A君は息子が黙《だま》って帰ったことを気にすることもなく、かえって自分のペースを乱さない息子を好《この》ましく思い、A君も颯爽《さっそう》と電車を見に行くためにショートステイ先を後にしたようでした。

お互い気をつかうこともなく、社交辞令もありません。不快にもなりません。ママ友と「あの2人の関係、羨《うらや》ましいね」と話しました。

現在、息子が通う就労移行支援事業所の昼休みも、同じような光景があるそうです。支援員によると、訓練生は同じ店に行くのにバラバラに行き、バラバラの席に座《すわ》って各々食べている、というのです。そんな一定の距離を置いた関係が快適なのでしょう。「友だちともっと交《まじ》わりなさい」との考えを押しつけてはいけない。そう思った出来事でした。

【第2章】障害と向き合う心構え

安心をあなたの手に？出生前診断ではわからない障害

出生前診断について知っておいてほしいこと

23年前、わが子を妊娠した私は自《みずか》らの意思で羊水検査を受けました。検査結果は陰性（ダウン症ではないとの結果）でしたが、2年後、息子は自閉症と診断されました。

息子は自傷行為が激しく、いつも身体《からだ》は傷だらけ。〝一生これが続くのではないか〟と絶望的な気持ちになりました。そんななか、ダウン症の子を見て、ふと「羨《うらや》ましいな、かわいいな」と思いました。ダウン症の子にも重度の子、そうでもない子がいますが、言葉はなくても表情を通して、少なくとも息子よりは意思疎通《そつう》がとれていたからです。

現在、条件が合う希望者には、新型出生前診断が行われています。母体への負担も少なく採血だけで済む検査ですが、陽性の場合は、染色体異常の診断確定のために羊水検査を受ける必要があります。そして今、その結果により「産む、産まない」の重い決断を迫られ、9割以上の人が中絶をしています。

ただし、染色体異常は胎児に見られる異常の一部を占《し》めるに過ぎません。つまり、出生前診断で陰性であっても、病気や障害がないとは言えないのです。分娩《ぶんべん》時の事故で障害を負う場合もあれば、視覚障害や聴覚障害、自閉症があるかもしれません。

また、健康な子どもが生まれたとしても、病気になったり、事故に遭《あ》ったり、精神疾患《しっかん》を患《わずら》ったりと、人生には予期しないことが起こります。しかし、どんな子どもであっても、そのありのままを受け入れ、育てる過程で、「親」になっていくのだと思います。

正しい知識を持って選択できるように

私は自分が生きてきた道、たとえば、「6歳になったら小学校で勉強して、高校や大学を出たら自立して」というパターンが、わが子には当てはまらないと悟《さと》った時、これまでとは全《まった》く違う価値観を、ゼロからつくり直さなければなりませんでした。

その際、今まで「こうあるべき！」と決めつけていた考えは、ガラガラと音を立てるように崩《くず》れ落ち、私自身が〝普通という名の呪縛《じゅばく》〟から解放されたのです。そしてまた、世界が広がったようにも感じることができました。

「第1子に染色体異常があったので検査を受ける」「親亡《な》き後、きょうだいに負担がかかる」など、出生前診断を受ける人にはさまざまな考えがあります。家庭によって事情がありますので、その是非は問えません。

ただ、人は〝わからないこと、見えないこと〟には不安を抱《いだ》きます。〝うちにはお金がないから、障害

のある子は育てられない〟と漠然《ばくぜん》と考えて中絶する人もいます。でも、障害がある子を育てる家庭には、特別児童扶養《ふよう》手当や税の減免等もあり、さまざまな福祉サービスが用意されているのです。

実際に障害のある子を育てている親の話を聞く機会を持ち、正しい情報のもとに検査を受けてほしいと願います。障害があっても何とかなります。私より背が高くなった息子を見て、心からそう思えます。

支援制度を利用して賢く子育てを

障害の子を育てる経済的な余裕がない？

出生前診断で赤ちゃんに染色体異常があるとわかると、そのうち中絶する人が約9割といわれています。その理由の一つに〝うちには障害の子を育てる経済的余裕がない〟と思う人がいるようです。

でも実際、そんなにお金がかかるのでしょうか。支援制度を利用すれば、むしろ健常児を育てるほうが、教育費がかさみ、お金がかかるように感じます。

今回は、障害児への支援制度を紹介したいと思います。

■障害者手帳の種類

まずは、障害者であることを示す手帳の種類です。これらの手帳があればさまざまな福祉サービスを受けることができます。

○身体障害者手帳……身体障害のある人
○療育《りょういく》手帳……知的障害がある人
○精神障害者保健福祉手帳……統合失調症、うつ病など精神疾患《しっかん》がある人

■療育手帳で受けられる援助

なかでも療育手帳は、知的障害者であることを証明する手帳で、自治体によって名称や対象となる知能指数は異《こと》なりますが、一般的にＩＱ（知能指数）70以下で交付されます。そして、障害者手帳を持っていれば、次のような経済的な援助を受けることができます。

〈援助の例〉

・特別児童扶養《ふよう》手当

・障害者福祉手当
・障害基礎年金
・特別障害者手当
・交通費の減免
・所得税、住民税、相続税の税控除《こうじょ》など税制上の優遇《ゆうぐう》措置《そち》

手帳の申請をためらわないで

親亡《な》き後、グループホームで暮らすとしても賃料は食費・光熱費を含めても概《おおむ》ね6万円くらい、法定雇用率による障害者枠で就労した給料と、20歳から受け取れる障害基礎年金で十分賄《まかな》えます。親亡き後大金を残す必要はありません。

また、各種手帳の申請について、まだ伸びる可能性を秘めたわが子に、〝障害者というレッテルを貼られたくない〟と考える人もいます。

でも、手帳を持っていてデメリットはありません。〝障害者と見られることが嫌だ〟

と思う親の気持ちの問題だけではないでしょうか。手帳はぶら下げて歩くわけではなく、必要であれば提示するだけ。取得できるのならば、取っておいたほうがよいと思います。

さらに言うと、境界《きょうかい》型知能の人、知的障害がない発達障害の人は、療育手帳が取れずに苦しんでいるくらいです。

発達障害児は出生前診断で判明しませんが、少なくとも染色体異常がわかる出生前診断で、産む産まないの決断をする時、〝お金がかかること〟を理由にするのはどうなのでしょうか。正しい情報を集めてほしいと願っています。

診断名を付ける意味

診断を受けるかで葛藤する親の気持ち

他の子と比べて、個性や性格の違いでは済まされない行動をとるわが子に接して、〝もしかして自閉症なのかもしれない〟〝もしかして注意欠如《けつじょ》・多動性障害かもしれない〟と不安にかられる親御さん。そんななか、〝でも、こんな小さいうちから診断名を付けられてしまうと、伸びるものも伸びなくなるのではないか〟〝似たような子は他にもたくさんいるじゃないか〟と思いたくなる気持ちはわかります。

この場合、病気に置き換《か》えて考えてみましょう。咳《せき》が止まらない場合、新型コロナウイルスなのかインフルエンザなのか単なる風邪なのか、明確になることで対処の方法がわかります。でも、どの病院に行っても「原因不明です」と突《つ》き返されてしまったら、〝この咳は一体何だろうか〟と悩むだけで先に進めません。

私は、発達障害の診断も似ているような気がします。

診断名が付くことのメリットとは

診断名がわかることで、以下のようなメリットがあります。

■手立てがわかる

診断名が付かないと、〝この子はどういう状況にあるのか〟がわからないまま過ごすことになります。診断名が付くことで、そのような焦《あせ》りから抜け出し、前に進むための具体的な行動を起こすことができます。

■学校に配慮の要求ができる

幼稚園、保育園、学校の先生に特別な配慮をお願いする時も、診断名があると話が通りやすくなります。

例えば「授業中、気が散ってしまうので、席を前にする、窓際に座《すわ》らせない等の集中できる環境を準備してほしい」とお願いする時、母親の感情だけで伝えると、「あなたのお子さんだけ特別扱いはできません」と言われてしまうかもしれません。でも、医師の診断というお墨《すみ》付きがあれば、今は法律により合理的配慮をする義務が学校側にはありますので、対処してもらえます。

■家族の理解を得ることができる

わが子の行動について、母親が理解のない夫や姑《しゅうとめ》から、「お前のしつけの仕方が悪いからだ」と責《せ》められていたとします。でも、診

断名が付くことで、母親や本人の努力不足ではないことを理解してもらえるかもしれません。

そして何よりも、本人が自分のせいではなく〝元々持っていた脳の機能のせいだったんだ〟と思うことができ、自分を責めなくなります。

近視の人が黒板の文字が読みづらい時、「努力不足だ！」と言われたら困ります。近視の人は、眼鏡《めがね》という支援グッズをつけることで、学習ができるようになります。発達障害もそれと似ているのではないかと思います。

障害そのものは個性ではありませんが、自閉症児も持って生まれた気質と育った環境でさまざまな性格をしています。電車に興味のある子ない子、バイバイをする子しない子、人に関心のない子ある子、さまざまなタイプがいます。「自閉症は○○という行動をする。○○が好き」と決めつけることなく、わが子を育てていくことも、また大切なことだと思います。

きょうだいに障害児がいると結婚の妨げになる？

誤った認識が家族を苦しめている

障害のある家族のことを「絶対に知られたくない」と隠す人がいます。

過去の歴史では、精神疾患《しっかん》や障害のある子どもを座敷牢《ざしきろう》に閉じ込めておく家庭もありました。また、自閉症の子を育てている親が、〝冷蔵庫マザー〟と呼ばれていた時代もありました。「親が愛情をもって育てず、冷たく突《つ》き放したことが原因で子どもが自閉症になった」と言うのです。

いまだにそんなふうに思っている人がいるのでしょうか。役所でこんなことが書かれているポスターを見かけました。

「自閉症になったんじゃない。自閉症として生まれてきただけ」

今では当たり前のことが、いまだに役所に貼られているということは、〝自閉症は育て方が原因〟と考える人がまだいるということです。

私も息子が幼い頃、「愛情不足だから自閉症になったんでしょ。もっと抱《だ》っこしてあげたら」と言われたこともあります。そのような誤《あやま》った認識のせいで、世間からの偏見《へんけん》や誤解を恐《おそ》れ、わが子の障害を隠したくなる人も出てくるのかもしれません。

障害児へのケアが優先になってしまう

家族に障害のある子がいると、親はその子にかかりっきりになり、別のきょうだいは、「あなたは発達障害はないのだから、自分で何でもできるでしょ」と構ってもらえないことがあります。そのように言われたきょうだいは、親に甘えることができず、我慢することが多くなるかもしれません。

そうなると、〝きょうだいには、ずっと我慢の人生を歩ませてきた。せめて、結婚くらいは願い通りにさせてやりたい。しかし、婚約者が、障害のあるきょうだいのことを知ったら、破談《はだん》になってしまうのではないか……だから隠しておきたい〟と考えてしまうのも、無理からぬことです。

しかし、きょうだいに障害がある人がいても、それを隠すのではなく、それごと受け止めてくれる相手と結婚したほうが、私は幸せになれる気がしてなりません。

どうしてかというと、家族が理解してくれない場合、仮に発達障害の子が生まれた時、母親は療《りょう》育《いく》手帳や受給者証を取得して福祉とつながりたくても、夫や舅《しゅうと》・姑《しゅうとめ》の理解が至らないケースが少なくないからです。

その場合、「障害だなんて、恥《は》ずかしい」「診断を受けてしまったら〝障害者〟のレッテルを貼られてしまい、伸びるものも伸びなくなる」などと言われ、子育ての仕方で家族と意見がぶつかり、

さらに苦しい思いをするかもしれません。

実際に、障害のある子のために家族の絆《きずな》が強まるどころか、家族間にも溝《みぞ》ができ、離婚に至ってしまう場合もあります。結婚相手が、障害のあるきょうだいのことを受け止めてくれないと、このようなことも起こりうるのではないでしょうか。

人生１００年時代。親亡《な》き後の人生は長く続きます。そう考えたら、障害があることを伝え、福祉とつながっておくことが大切なのだと思います。また、現代は福祉を活用することで兄弟姉妹に負担をかけることなく、障害のある子自身が自立し、生きていける時代になってきているのではないでしょうか。

自閉症の子を23年育てて思うこと

こだわりにはとことんつきあう

私の23歳になる息子は自閉症です。息子の子育てを振り返って、今、思うことをまとめました。

■現実を受け入れる

自閉症の子どもは成長しますが、定型発達児には一生なりません。生まれた時から自閉症で、おじいさんになっても自閉症のおじいさんです。その現実を親が受け入れなければ、子どもは無理難題を強《し》いられ、不幸になってしまいます。

■こだわりにつきあってあげる

自閉症は「想像力の障害」が生まれつきあり、同じパターンを繰り返すことで安心し、それにこだわる傾向《けいこう》があります。ですから親は、そのこだわりにつきあうことが大切。とことんこだわりにつきあうと、〝親は自分の安全地帯を知ってくれている〟と心が安定します。

息子はあるタクシー会社のタクシーにしか乗れませんでしたし、電車も井《い》の頭《かしら》線の「３０００系」にしか乗れませんでした。夕食の一口目が夜のＮＨＫニュースのアナウンサーの「こんばんは！　ＮＨＫニュース……」と同時にならないとパニックを起こしました。私はそんな息子のために、希望するタクシー・電車に乗せてやり、時間厳守で夕食を出していました。特に小学校低学年までは、親が「安全基地」になることが大切です。

■食べ物の好き嫌いを許す

食べ物の好き嫌いをなくすように強制すること自体、好き嫌いをつくってしまうように感じます。さらに、「食事をすること＝恐怖《きょうふ》」とインプットされ、食に対して不快な感情を持ったまま生涯を過ごすことになるかも。嫌いな食べ物を、「一口だけ食べたら許してあげる」と無理強《じ》いされることは「この芋虫《いもむし》、少しだけ切ってあげるから食べなさい」と言われているのと同じです。

視点を変えて考えてみよう

■才能の温泉掘りをやめよう

才能を生かして食べていける人なんて、定型発達の人でもほんの一握《ひとにぎ》り。あるかどうかわからない才能を、掘《ほ》って掘ってほじくり返される当人はつらい人生かもしれません。

■二次障害のほうがつらい

生まれつきある一次障害よりも、養育環境によって引き起こされる引きこもりやうつ病、自傷・他害の二次障害のほうが苦しいです。防げるのならば防ぎたいのがこの二次障害です。特に、「良かれと思って、少しでも普通の子に近づけよう」とする療育《りょういく》は、二次障害につながることもあるので、ほどほどに。

■見方を変えるリフレーミング

〝あの子にできてわが子にはできない〟〝何でわが子は、こうなんだろう〟と、自分の子の欠点は目につきやすいもの。でも、欠点と思われるものも、見方を変えてみると長所になるのが、リフレーミングの考え方です。

例えばわが子が、「忘れ物が多い、だらしがない」のは、「神経質ではない」「忘れ物をしても物怖《ものお》じしないで授業に参加できる」「おおらか」と受け止めてはどうでしょうか。

大人でも、苦手なことを克服するのはとても難しいことです。無理に克服《こくふく》しようと頑張るよりは、苦手を避《さ》けたほうが幸せな人生になることもあるのではないでしょうか。

孫自慢にうんざり!? 比べる病を卒業できない

「比べる病」が再発し始める

私は先年還暦《かんれき》を迎え、孫が生まれる友人も次第《しだい》に増えてきました。最近は、集まるとスマホを出し、孫の写真を見せ合う〝孫自慢〟になることも多くなってきました。そのような空間にいると、ふと〝私にはこういうことは生涯巡《めぐ》ってこないんだなぁ〟と悲しくなります。息子は知的障害のある自閉症なので、「結婚することはない」とつい思ってしまうからです。

今になって、またかつて悩まされていた〝比べる病〟がムクムクと顔を出し始めました。

息子に障害があることがわかった頃は、「お座《すわ》りができた」「立って歩いた」など、定型発達児を育てるママ友の話題にすぐについていけなくなり、友人の集まりから次第に足が遠《とお》のいていきました。

息子が特別支援学校高等部の3年生だった頃、障害児を育てるママ友との話題はもっぱら、卒業後の進路のことでした。

特別支援学校高等部卒業後の進路としては、障害者雇用枠での「企業就労」のほか、企業への就職を目標に訓練を行う「就労移行支援事業所」、一般雇用が困難な人への訓練の機会を提供する「就労継続支援Ａ型・Ｂ型」、障害者支援施設で暮らす「生活介護」などがあります。

企業就労する子の話を聞くと、私は「おめでとう。良かったね」と言いながら胸が苦しくなりました。どうしてかというと、息子は企業に障害者雇用をしてもらうことができなかったからです。

でも、「生活介護に行く子の親は、就労移行支援事業所に行く息子のことを聞いて、胸がザワザワしているだろう」とも思いました。

比べてしまうのは人間のサガ!?

息子が受けた福祉サービスの内容や、特別支援教育のなかでの手厚い指導について、私がＳＮＳにアップすると、障害が軽い子の親から、次のような書き込みがくることがあります。

「知的障害のない発達障害のわが子は、支援の網《あみ》の目から、こぼれ落ちてしまっている。立石さんが羨《うらや》ましい」「グレーゾーンではなく、しっかりと知的障害のある自閉症だったら、どんなに良かったか」と。

私はそのような書き込みを見ると、心のなかで〝知的障害がなかったら、一人で買い物できるでしょ！　親亡《な》き後のグループホームを探さなくて

もいいでしょ！〃と叫《さけ》んでしまいます。比べてしまうのは、人間のサガなのかもしれません。

「知的障害のある人の正規雇用率は19・8％（平成30年度障害者雇用実態調査、厚生労働省）で、8割以上が半年更新や3カ月更新の有期雇用（アルバイト）となっており、3年以内に正社員となった人は40％を下回る」と聞いたことがあります。

そうなると、〝「企業就労おめでとう」と喜んでいられるのは、今だけなのかもしれない〃と負け惜《お》しみで思ってしまいます。私自身、「比べる病」を卒業できていないことを反省しつつ、そんな自分を卑下《ひげ》することもまたいけないことなので、ありのままの気持ちを素直に受け入れようと思っています。

オウム返しより「う・ん」と言ってほしい

会話ができること　それは心が通うこと

息子は23歳の知的障害を伴《ともな》う自閉症です。ある日、息子が私に「今日はすごく暑いね」と語りかけてきました。自閉症の特性から、息子が相手に共感を求める言葉を発することはめったにないので、この言葉を聞いて感動しました。

幼い自閉症の子を育てている知人は、「今までで一番嬉《うれ》しかったことは、言葉のオウム返しばかりだった息子が、私の声かけに対して『う・ん』と答えたこと」と語っていました。私には、知人の嬉しい気持ちがとてもよくわかります。「う・ん」これはたった2文字の言葉ですが、立派な会話だからです。

息子は言葉を話せるようになっても、動物園に連れて行った時、象《ぞう》の前でその場と関係ない、好きな便器の型番をずっとブツブツ言っていました。

独《ひと》り言《ごと》をずっと言っているよりも、「象がいるね」との私の問いに、一言「う・ん」と言ってほしかったのです。だから、知人の気持ちがよくわかります。

これって、子どもへの期待値が定型発達児を育てている人に比べて、低すぎるのかもしれません。でも、こういうことに幸せを感じられることが、障害のある子の子育ての醍醐味《だいごみ》だと感じています。

先日も、ゴミ袋のストックがないのを見て、「お母さん、ゴミ袋ないよ」と言ってきました。こんな小さなことでいちいち、心が嬉しくて震《ふる》えます。

「2025年　11月27日　木曜日　大安」なんて言えなくていいから、「お母さん、このアイスク

リーム、美味《おい》しいね。また買ってきて」と言ってほしい。「お母さん、今日は寒いね」「今日は暖《あたた》かいね」と言ってほしい。自閉症の子を育てる親の欲望と期待です。

わが子と共に親も成長していく

定型発達児だけを育てている親御さんが、「うちの子が平均点より低い算数の点数をとってきた」と眉間《みけん》に皺《しわ》を寄せて悩んでいました。

この様子を見て、オウム返しではない言葉を息子から言われて喜んでいる自分は、「子どもに対しての期待やハードルが低すぎるのかなあ」とも思います。しかし、もともとの期待値が低いことで、子どもも親も本当に楽になれるような気もします。

オウム返しの言葉ではなく、「これ美味しいね」「今日は寒いね」と親に共感を求める言葉を発すること。たとえ、音声による言葉が出ない子でも、表情で「う・ん」と反応してくれること。自閉症の子どものこのような反応に、喜びを感じる親たちは決して少なくありません。

おそらく、こういった親御さんたちも、子どもが幼い頃は、「もっと単語が増えてほしい」と、言葉が増えることだけを願っていたはずです。

でも、自閉症児を育てる経験を積むうちに、言葉が増えることより、わが子と共感したい、「う・ん」でいいから反応してほしい——との願いに変わってきたのでしょう。

子どもが、「う・ん」と言った時に、この2文字に幸せを感じられることが、障害児を育てる親としての成長なのだと思います。

【第3章】子育てで気をつけたいこと

大切なのはＳＯＳを出せるようになること

障害のある子どもの本当の自立とは？

障害のある子を持つお母さんに、子育ての方針を聞くと、「人に迷惑をかけない子に」「一人で何でもできる子に」と答える人がいます。でも、私はそうは思いません。何でも一人でできるようになることが自立ではありません。人はできないことも多いですから、できないことはできる人に頼《たよ》ればいいのです。そして、「ありがとう」と言える子に育てればよいのだと思います。

また、子どもに「人に迷惑をかけてはいけません！」と言い続けると、困った時に助けを求められない人になってしまうかもしれません。迷惑をかけたら「ごめんなさい」と言えればよいのです。そして、できない時やわからない時は、人に助けを求めればいいのです。

計算を教えるよりSOSを出せる子に

知的障害を伴《ともな》う自閉症の息子は、計算ができません。また、日常生活を送るうえで大切な金銭感覚も乏《とぼ》しい状況です。

ある日、息子が将来の仕事について書いたプリントを持って帰ってきたことがあります。そこには、希望する給料欄に5000円とありました。プラレールはだいたいこの金額。だから〝給料は5000円でよい〟と考えたのでしょう。作業所に行けば工賃は月約1万円なので「当たらずといえども遠《とお》からず」なのですが、「生活するにはいくら必要か」の感覚がありません。

私は〝買い物くらいできないと将来困る〟と思い、計算問題をやらせてい

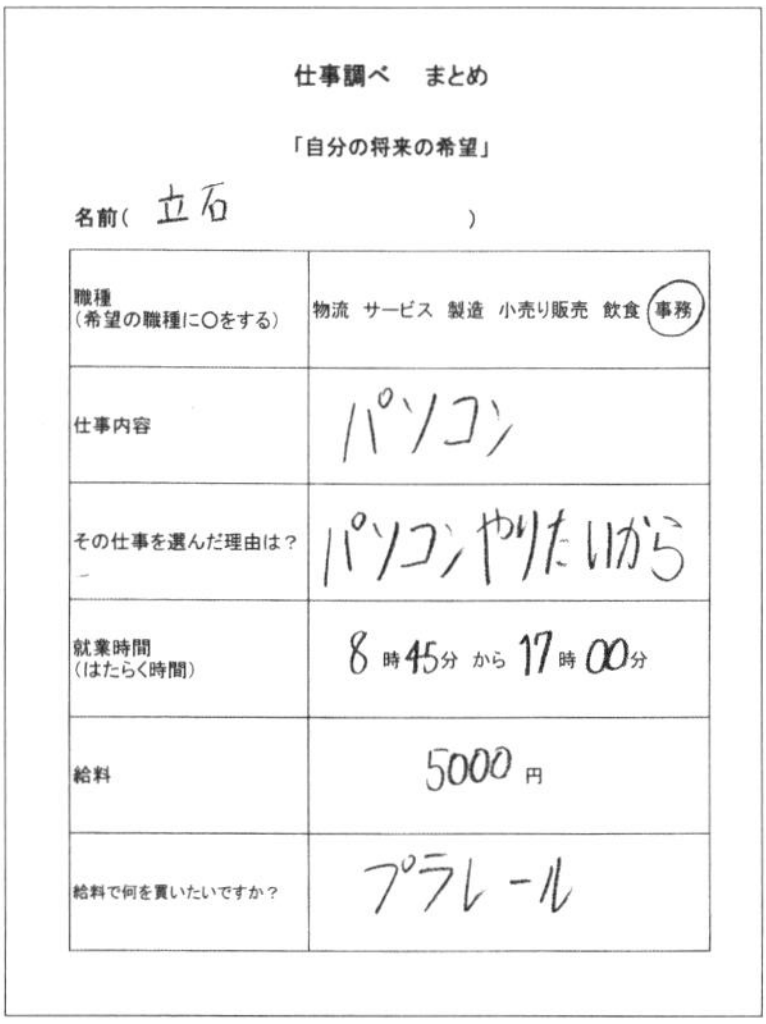
仕事調べ　まとめ

「自分の将来の希望」

名前（ 立石 ）

職種（希望の職種に○をする）	物流　サービス　製造　小売り販売　飲食　事務（○）
仕事内容	パソコン
その仕事を選んだ理由は？	パソコンやりたいから
就業時間（はたらく時間）	8時45分から17時00分
給料	5000円
給料で何を買いたいですか？	プラレール

息子が書いた将来の仕事のプリント

ましたが、担任の先生から次のように言われ、その考えを改めました。

「『僕はお金の計算がわからないのでお財布から取ってください』と言える子に育てましょう。『お金の計算がわからなくちゃダメ！』と親から厳しく言われ続けたある生徒は、財布から正しい額を出せないことを恥《は》ずかしいと思ったのか、商品を黙《だま》って持ち帰るようになってしまいました」と。

その話を聞いて、私はＳＯＳを出す力《ちから》が大切なのだと気づきました。宿題が解けない時、息子は「計算機！」と訴《うった》えます。便利なツールに頼るのも誰かに頼るのと同じことです。もうすでにキャッシュレスの時代がやってき

ているのですから、カードに頼ればよいのです。最近、息子はコンビニで好きなお菓子を買うのが習慣になっています。なぜ、計算ができないのに買い物ができるのか……。それはレジの人に助けてもらっているからです。

できないことは誰かに助けてもらって生きる、これも自立の形です。親は子どもといつかお別れする日がやってきます。たくさんの頼れる人をつくっておく、これが親の役割です。

いつまでも世話をしてやれないのですから、他人に頼ることは親亡《な》き後のことを考えたら必要な力だと思っています。

横行する発達障害ビジネスに気をつけて！

「発達障害が治る！」は怪しさ100％

最近、発達障害についてのテレビ番組やSNSの記事が目立つようになりました。こうなると必ず出てくる怪《あや》しい商売があります。藁《わら》にもすがりたい気持ちで苦悩している親をターゲットにして「発達障害は治《なお》る」と誘《さそ》う胡散臭《うさんくさ》いビジネスです。

■カウンセラーとは？

〝公認心理師〟は国家資格。でも〝カウンセラー〟はある日突然、誰でもなれます。「○○会認定カウンセラー」と名称をつけて、そのなかだけで通用する個人資格をつくり、宣伝している人もいます。でも国が認める公的資格ではありません。

加えて、「アトピービジネス」という言葉があります。アトピー性皮膚炎《ひふえん》の患者の心につけ込んで、ステロイドの塗《ぬ》り薬は〝怖い薬〟であると宣伝し、高額商品を売りつけるビジネスです。発達障害ビジネスもそれと似ているように感じます。

それから、「8050問題」。全国で推計146万人いるとされる中高年の引きこもりの人たち（2023年3月発表の内閣府の調査結果）を対象にした「救い出します」と謳《うた》うビジネスも、横行し始めているようです。

■発達障害は「治る」ものか？

健康食品は薬事法により「治る」と表記してはならないので「個人の感想です」と書かれています。でも、発達障害については「治

ります」と謳っているサイトもあります。

発達障害の行動は療育《りょういく》により改善することはあっても、発達障害自体がなくなることはありません。おじいさんになってもおばあさんになっても、発達障害者のままなのです。

■鶏が先か、卵が先か？

家電が「取扱説明書」通りに動かなかったら、ユーザーからクレームが来ます。けれども、子育てや教育の世界は「必ず伸びる」といって、結果的にうまくいかなくても文句を言われることはあまりありません。

子育てや教育は目に見えないもの。何年も先になって〝あれは意味がなかった〟と後悔《こうかい》しても、「返金してください」と言う人はほとんどいません。自分のせいだと思うからです。

自閉症の子を育てる親御さんが、ママ友から「○○さんのセッションを受けたら通常学級に入学できた！」と耳にしました（通常学級に行くことをゴールにすることが良いとは限りません。手厚い特別支援教育を受けたほうが、その子にとっては幸せなこともあります）。鶏《にわとり》が先か、卵が先かで、もともと、通常学級でやっていけた子だったのかもしれません。

友だちの話を聞いてその親御さんは、「わが子もそうなるかも！」と夢見て、そのセッションに応募しました。でも結局、通常学級に馴染《なじ》めず特別支援学級に通うことになりました。母親は自称カウンセラーを責《せ》めるのではなく、自《みずか》らを責めました。

子どもが幼いと将来に不安が募《つの》り、〝今のうちになんとか頑張り、努力させれば、必ず変わる〟と鼻息が荒《あら》くなり、期待するのも無理からぬことです。心の隙間《すきま》に入り込まれ、専門用語を使われ、心奪《うば》われるかもしれません。さらに相手は善意でやっていると思っているので、なお厄介《やっかい》です。怪しいか、そうではないかを見極める冷静な姿勢が大切だと思います。

ダブルバインドしていませんか?

ストレスを生む親の矛盾した指示

「ダブルバインド」とは二重拘束《こうそく》という意味です。米国の精神医学研究者、グレゴリー・ベイトソン氏がつくった造語で、親子の場合、異《こと》なる複数の指示を受けた子どもが、親の矛盾《むじゅん》を指摘することもできず、ストレスをため込むことを指します。

一貫性のない指示を受けた子どもは〝自分はどうしたらいいの〟と混乱します。矛盾した指示によって心理的にもプレッシャーを受け、不安に陥《おちい》ります。以下はその具体例です。

公園でいつまでも遊んでいるわが子。「もう帰るよ」と声をかけても「嫌だ!」と駄々《だだ》をこねて帰ろうとしない時、「じゃあ、ママは先に帰るから勝手にしなさい!バイバイ!」と言いながら親は帰らない。

この場合、親は本気で置いて帰るつもりはなく、〝先に帰ると言えば子どもはついてくるだろう。一人で帰ることができないから、従《したが》わざるをえないだろう〟と見越したうえで声がけします。

けれども、もし子どもが「勝手にしなさい」という言葉を字面《じづら》通りに受け取り、そのまま遊び続けたら、「いい加減にしなさい！　もう帰るの！」と無理やり連れて帰るでしょう。子どもにとっては、見捨てられることも罰《ばつ》ですし、親の「勝手にしなさい」の言葉に従ったのに怒《おこ》られることも罰です。どちらの指示に従ってもダメでストレスをためます。

こんな時はシンプルに伝えましょう。なか

なか帰りたがらない子どもに対しては、まず「まだ遊び足りないんだね」と気持ちに寄り添います。その後、「でも、いつまでも遊んでいたらテレビを見る時間がなくなっちゃうよ」「晩ご飯の時間が遅くなっちゃうよ」など、なぜそうしないといけないのか理由を伝えます。

そして「あと2回滑《すべ》り台で滑ったらおしまいにする？　3回滑ったらおしまいにする？」と、子どもの希望と折り合いをつけ、選択肢を与えましょう。

障害児が混乱する支援者の対応の違い

また、別のダブルバインドがあります。特別支援学校や特別支援学級、放課後等デイサービスなど障害児がいる場所で起こる場合です。

例えば、〝障害というハンディがあるのだから、今、つらくても頑張らせることが本人のため、それが愛情だ〟と思い込み、こだわりや偏食《へんしょく》などを許さない支援者と、幼い頃に安心・安全を確保するため本人の気持ちに寄り添う支援者がいるケースです。

同じ場所で対応が違うと、ある日は無理強《じ》いされ、別の日は許容されたりして〝何が正しいのか〟がわからず混乱します。

子どものほうも相手により態度を変える（怖い人の前でだけおとなしくし、優しい人にはからかいを多く出すなど）といった誤学習をしてしまうかもしれません。

定型発達児の子育てでも偏食を許さない父と、受け入れる母など家庭内でもダブルバインドは起こります。子育てで叱《しか》り役の母親と、「お母さんの言うことを聞くんだよ」と語る父親がいる家庭は一貫性がありますが、叱ってばかりいる母親と何でも許す父親だと子どもは混乱してしまいます。家庭でも、ダブルバインドに陥らないようにしたいものです。

時には「他力本願」のしつけだっていい

母に叱られるとキレる息子

「バスのなかで騒《さわ》ぐと運転手さんに怒《おこ》られちゃうよ」「前のおじさんが睨《にら》んでいるから静かにしなさい」など、子どもを叱《しか》る時に他力本願、責任転嫁《てんか》していませんか？

一般的に、このしつけの仕方は良くないと言われています。どうしてかというと、「ママはあなたが騒ぐのは悪いことだとは思ってないけれど、他の人は怒っているのでやめておこう」と伝えているのと同じだからです。

しかも、〝なぜ、バスのなかで静かにしていなくてはならないのか〟の理由もはっきりしません。子どもにしてみれば〝自分たち以外の乗客がいなかったら騒いでもよい〟と思うかもしれません。

ある朝のこと、息子は起きるなり、トイレの型番を書くことに熱中していたので、私は「遅刻するよ。早くご飯食べなさい」と叱りました。

息子は、私から命令されたり否定的な言葉を言われたりするとキレます。案《あん》の定《じょう》、床を物凄《すご》い勢いで蹴《け》り、腕《うで》を思いきり噛《か》んで自傷しました。

どうにもこうにも収《おさ》まらない状況になり、私はつい次のように言ってしまいました。

「家を壊《こわ》すと工事の人に来てもらわなくてはならないね。もしかして、『壊したので引っ越ししてください』と言われるかもしれないよ」と。息子は、不安な顔をして「引っ越ししたくない」と呟《つぶや》きました。

私はさらに、「お母さんもこの家に住んでいたいけれど、仕方のないことでしょ」と続け、他人の力を借りてしまいました。すると、納得したのか暴《あば》れるのをやめました。

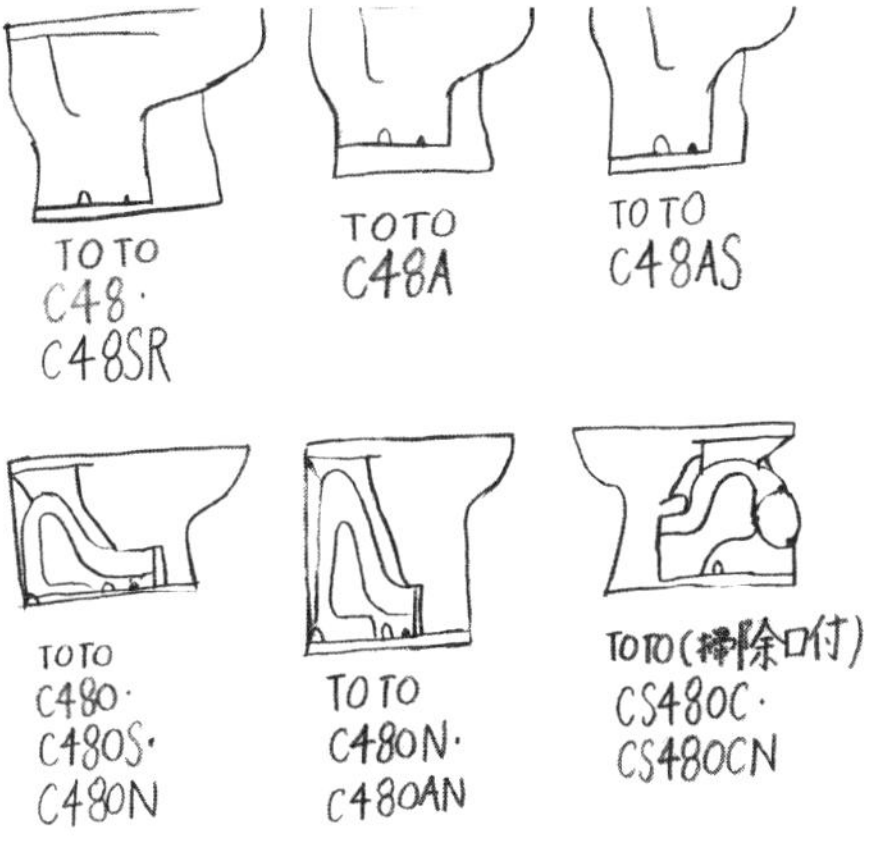

息子が書いたトイレの絵と型番

時と場合によっては医者の力を借りる

息子は強迫性障害もあり、通院しています。街中のトイレを見に行く計画についても、「電車の本数が減ったらどうしよう」「時刻表が変わったらどうしよう」と次々に不安が襲《おそ》ってくるようで、繰り返し時刻表を確認し、強迫行為が収まることがありませんでした。

そこで主治医の先生から、「確認は2回だけにしましょう。不安がひどくなると、ここに入院することになってしまうかもしれません。そうなったらトイレも撮影に行けなくなってしまいますよね」と言ってもらうようにしました。

医師は毎日息子を診《み》ているわけではなく、診察は月1回程度です。ですから、普段、息子の様子を観察している私が、先生から伝えてほしいことを事前にメモで渡しています。白衣を着た医師から伝えてもらったほうが、息子には有効だからです。

第三者の言葉のほうが、親に言われるより受け止めやすくなることもあります。他力本願、責任転嫁と言われようが、どうしようもなくなった時は、〝王道のしつけ〟

にこだわりすぎなくてもいいのではないかと思います。

自傷やパニックを起こした時の対処法

子どもの安全地帯をつくってあげる

自閉症の子は、自傷行為やパニックを起こすことがあります。そのような時は、どのような対応をしたらよいのでしょうか。

赤ちゃんはお腹《なか》が空《す》いても「ミルクが欲しい」、オムツが汚れても「交換して」と言えません。そんな時には泣いて、ＳＯＳを出します。

親は「なぜ泣いているんだろう？」と原因を探《さぐ》り、「おっぱいをあげるからね」「オムツを取り換《か》えてあげるからね」と助けてあげます。子どもは〝この人は僕を守ってくれる人だ〟と認識し、〝この世の中は安全な場所なんだ〟とわかっていきます。

今回は、子どもの安全地帯をつくることをポイントに、子どもが自傷行為をしたり、パニックになったりした際の心得を紹介します。

こだわりにはとことんつき合う

■パニックを起こした時

自閉症の子は同じ道順しか通れない、決まった服しか着られないなどのこだわりがあります。

それらのこだわりを周りの大人が許してくれない時、全力で地面に頭を打ちつけたり、自分の腕《うで》を噛《か》んだりすることがあります。言葉が出ていない子はなおさらです。

私も自閉症児の親として未熟だった頃は、子どもが助けを求めているのに「いい加減にして！」と私もパニック状態になり、叱《しか》ってしまう悪循環に陥《おちい》っていました。

■どう対応すればよいのか

大人も悲しい時、泣きたい時、怒《おこ》りたい時に、感情を抑《おさ》え込んでしまったら八方塞《ふさ》がりになります。

パニックを起こした時は嵐が過ぎ去るのを「待つ」しかありません。時間が本人をクールダウンさせ、解決してくれます。そして、赤ちゃんのお世話と同様に、「あなたの負担になる原因はつくらないからね」と、親が安全地帯になってあげることです。可能な限りパニックを起こさないように、子どもの望み通りにしてあげることです。

これはわがままを許すこととは違います。

■心に残った主治医の言葉

息子の主治医の言葉です。「パニックを起こす理由がお子さんにはあるのです。『こうしてほしい』というこだわりには応じ、小さいうちに安心できる生活環境をお母さんが与えてください。パニックを起こして一番しんどいのは本人ですから」と。

さらに、「もし、お母さんが人の履《は》いたスリッパがどうしても履けなかったとしましょう。『履け』と命令されたらどうですか？　それと同じで、大人からすれば『なんでこんなことにこだわるんだ』と思うことも、本人にとっては耐えがたい苦痛なのですから、こだわりに応じてあげてください」とも言われました。

それからは、息子が「これだけを着たい」と言えばそれを着させ、同じデザインの靴しか履かなければ、同じものを13センチ、14センチ、15センチと何足も買っておきました。

親として子どもが安心できるよう寄り添うことで、子ども自身もこだわりの緩《ゆる》め方を身につけていくのだと思います。こだわりは「やめさせよう。何とか直そう」ではなく、〝とことんつき合う覚悟〟が、親に求められているのではないでしょうか。

わが子が爪をむしった理由とは？

わが子のパニックに親も慌ててしまう

知的障害のある自閉症の息子が、特別支援学校高等部2年生の時の話です。

息子は爪が少しでも伸びると気になるようでした。手足の指の爪は肉に食い込むくらい短く、深爪になっているのにさらにむしっていたので、「ばい菌が入るから、やめなさい！」と叱《しか》りました。

息子は自分の行動を否定されることに敏感《びんかん》で、この私の言葉でパニックを起こしてしまいました。

それでも、自閉症の特性なのでしょう。決まった時刻19時46分になったら、マンション地下にあるゴミ捨て場に行きました（私たちが住むマンションは、いつ持って行ってもよいことになっています）。

いつもなら1分くらいしたら帰ってくるのに、いつまでも戻ってきませんでした。

しばらくして、管理人室から「息子さんがパニックを起こして共用部の壁に穴を開けてしまいました」との連絡が入りました。タイミングが悪いことに、その時、マンションの他の住人に出くわし、「苦情が入ってしまった」とのことでした。

以前から、息子は知的障害のある自閉症であることを管理会社に伝えていました。苦情が出た時、その住人の方に、「この子には自閉症という障害があってパニックを起こしてしまったのです。人に危害を加えようとしていた訳《わけ》ではありません」と説明してくれたようです。

でも、こういうことが起こると、私もかなり精

神的に疲れます。「なんで、暴《あば》れるの！」と頭にきてしまい、私のほうが暴れたくなります。

人の行動には必ず理由がある

学校からの連絡帳を開いてみると、職業訓練のための「身だしなみチェック」の項目がありました。そこには「爪は短くしておく」と書いてありました。私はハッとしました。それで必要以上に息子は爪をむしっていたのです。ちゃんと息子なりの理由がありました。

翌日、担任の先生に、「学校からの指示をきちんと守って、爪を短くしようとしていますが、手も足の爪も毎日むしっています。先生からも、この状態はやりすぎであることを、うまく伝えてくださいませんか？」と電話をかけました。

担任の先生からは、「『〇ミリは残す』とか『〇ミリになったら切る』と伝えていましたが、わかりにくい指示だったのかもしれません。配慮が不足していました。対策として学校に爪切りを持ってきて、毎月10日・20日・30日に切る方法ではどうでしょうか」と提案がありました。

そして翌日。帰宅した息子が持ち帰ってきた連絡帳には、次のように書いてありました。

「昼休みに担任と一緒に爪切りをしました。まだ自分では切らず、担任と一緒に切りました。切る必要のない爪の長さも確認しました。繰り返し確認することで、自分で切らなくてもよい長さがわかってくると思います」

人の行動には必ず理由があります。なかなか難しいですが、カッとなって頭ごなしに注意しないで、「なぜそれをするのか」を考えなくてはなりません。〝まだまだ修業が足りないな！〟と思った出来事でした。

言葉をオウム返しすることは傾聴につながる

オウム返しを求める自閉症の息子

23歳の自閉症の息子は、私との会話のなかで、私が息子の言葉をオウム返しにして返さないと納得しません。

例えば食事中の会話で、息子が「お母さん、カリフラワーを残していい？」と聞いてきます。私が「うん」と答えても、息子は納得しません。「いいよ」と言ってもダメです。「カリフラワー残していいよ」と言うまで何度も確認してきます。

また、息子が「散歩に行っていい？」と聞いてきた時も、私の「うん」とか「いいよ」の返答に納得しません。私が「散歩に行ってもいいよ」と言うまで聞いてきます。

「うん」や「はい」だと安心できないのだと思います。私は息子の言葉をそのままオウム返ししながら、語尾を変えて伝えるようにします。

私は高齢者支援のための「傾聴《けいちょう》ボランティア研修」を受けたことがあります。そこで学んだことなのですが、次の聞き方をすると、ダメだそうです。それは、「うん、うん」「はい、はい」とただ言うだけ。

これに対して、相手の話を全部聞き終わった後に、相手の言った言葉をそのままオウム返しする方法が、「良い話の聞き方」なのだそうです。

例えば、高齢者が、「時どき、もうこれ以上長生きしたくないと思ってしまうんですよね」と言った場合。相手の言葉をさえぎって、「そんなこと言ってはダメですよ。もっと長生きしてくださいよ」と励《はげ》ましの言葉をかけてはいけないそうです。

かといって「そうなんですね」と相手の言葉に共感するのも良くないそうです。「時どき、もうこれ以上長生きしたくないと思ってしまうんですね」と相づちを打つのがベストな対応だそうです。そして、相手の話をじっくり聞いた後に、こちらから何か話をするとよいそうです。これで相手は「自分の話をしっかり理解してもらえた」と思う、とのことでした。

「傾聴」すると相手の心が安心する

　これは〝傾聴〟という方法です。「きく」は漢字で書くと「聞く・聴く」がありますが、「聞く」はただ音声として耳に入ってくる音を聞く、耳を傾けて相手の話を積極的に聞くのが「聴く」なのです。

　私はこの話を聞いて、〝何でも確認しなくては気が済まない息子に対しても、傾聴が大事なのだ〟と気がつきました。「うん」とか「いいよ」ではダメで、オウム返しをして傾聴する必要があったのです。

　またこの話は、子どもを持つどのご家庭にも参考になることだと思います。小学生の子どもが帰宅後、「宿題多くて嫌になっちゃうんだよ」と言った時、「やることやってから、遊びなさい！」とか「宿題やら

ないと先生に叱《しか》られるよ！」と言ったらどうでしょう。

子どもは「宿題をやらない！」と言っているわけではありません。親に話を聞いてもらいたいだけなのです。ですから、「そうなんだ。宿題多くて嫌になっちゃうんだ」とオウム返しをして共感すれば、〝宿題多いから、夕飯前と、朝早起きしてやろうかな〟と言うかもしれません。

相手とコミュニケーションをとるうえで、傾聴の技法は欠《か》かせないものだと思います。

療育はほどほどに！ 子どもの二次障害

幼児期、聴覚過敏《かびん》のある息子は公衆トイレの「ジェットタオル」の音を怖がり、外出の際はとても困りました。そのため、当時通っていた療育《りょういく》施設では、ジェットタオルの音に慣れる訓練を受けていました。しかし、練習の効果はなく、息子は逆に療育施設のトイレに行かなくなってしまったのです。

そのことを、当時通院していた「都立梅が丘病院」の主治医に相談すると、「そんなことをしていると、お子さんは二次障害を起こして、この病院に入院することになりますよ！ 今すぐそんな練習はやめなさい。お母さんがジェットタオルの設置されていないトイレを探して、そこを使えば済むことです」と叱《しか》られました。

病院には〝定型発達児と同じことができるように〟と親が無理難題を子どもに強《し》いた結果、不登校やうつ病、リストカットなど深刻な二次障害を起こしている子どもが大勢入院していて、200床以上あったベッドは満員でした。

その後は医師に言われた通り、ジェットタオルがない公衆トイレを使うようにしました。すると息子は安心したのか、私と一緒の時は公衆トイレに入れるようになりました。

下の写真は中学2年生の時の息子です。ボウリング場で自《みずか》らジェットタオルを使っています。

幼児期はあんなに怖がっていたのに、いつの間にか使えるようになっていました。そんな息子を見て、〝幼い頃に親が安心安全を確保してやれば、本人の力《ちから》で自然に乗り越えられるようになるんだ〟と感じました。

〝療育で自閉症を治《なお》す〟という誤《あやま》った考えを持っている人がいます。けれども、健常児に近づけようとする療育は将来の二次障害を引き起こしかねません。誰のための療育なのか？「療育はほどほどに」の考え方も大切だと思います。

【第4章】学校選びのポイント

学校選びは親の意向が最優先される

オムツをつけていた重度の知的障害の子

小学校に入学するための健康診断、就学時健診が毎年11月頃に行われます。そこで専門家からさまざまなアドバイスをされても、障害のある子の学校選びは、行政の意見よりも親の意向が優先されます。それは子どもにとって良い面もありますが、悪い影響もあるように思います。以前、このような事例がありました。

小学校入学時、排せつの自立ができず、オムツをつけていた男子児童のAさん。行政からは特別支援学校を勧《すす》められましたが、親の意向で地元の公立小学校の特別支援学級（以下、支援級）に入学しました。

ところが、その支援級は比較的軽い知的障害の子で占《し》められていて、授業内容は算数、国語などAさんにとってはチンプンカンプンな科目ばかり。ただ、離席したり教室から出て行ったりするなどの激しい動きはなかったので、他の子に迷惑がかかる状況ではありませんでした。

けれども、授業中に大便をしてしまうのでオムツ交換をし、机の上のプリントを食べてしまうので吐《は》かせるなど、支援員がつきっきりの世話をしていました。

このクラスには行動に課題があったり、勉強を個別に見てもらったりしていた発達障害児も多くいましたが、支援員はＡさんにマンツーマンでつきっきりの状態になっていました。それを知った他の保護者から、「私たちの子どものための支援員でもあるのに」との声もあがったのです。

Ａさんは６年生までオムツがとれませんでした。支援級ではオムツ交換はしてくれますが、トイレトレーニングはしてくれませんでした。「もし、Ａさんが特別支援学校に入学していたら、小学校卒業時にはオムツはとれていたのにね」と、支援級の保護者の間では囁《ささや》かれていました。

一方、同じようにトイレの自立ができていない男子児童のＢさんは、特別支援学校に入学しました。個別支援計画で排せつの自立が明記され、夏にはオムツがとれて、自分でトイレに行けるようになっていました。

子どものための教育環境とは？

障害のある子とない子が共に学ぶインクルーシブ教育の考えは、本当に素晴らしいものです。しかし、これが拡大解釈されて、教育現場でさまざまなタイプの子を一緒にするのは、果たして子どもたちのためになるのでしょうか。私は一人一人に適した教育環境で学ばせることが、将来の幸せや成長、自立につながるのではないかと感じています。

就学時健診で行政から、特別支援学校や支援級を勧められても、今は親の希望が最優先されるので、通常学級に重い知的障害の子がいたり、支援級に排せつの自立ができていない子がいたりするケースがあります。担任はこの環境で、保護者から「うちの子に合った指導をしてほしい」と要求され、指導が困難になり、疲弊《ひへい》している現状が少なくありません。

わが子については親が専門家ですが、そのわが子にとって最適な教育環境を選ぶために、学校現場に詳しい行政や専門家の意見に、しっかりと耳を傾《かたむ》けてほしいと思います。

発達障害の子の幼稚園・保育園選び

発達障害の子への異なる園の対応

幼稚園・保育園は義務教育ではないので、特別支援学級や特別支援学校のようなものはありません。定型発達の子が大半を占《し》める園に入園することになります。

けれども、発達障害の子を「足を引っ張る厄介者《やっかいもの》」と思う親御さんがいたり、園に障害への理解がなかったりする場合、親も子もしんどい思いをします。

「障害のあるお子さんを積極的に受け入れています」という園もある一方、あからさまには言いませんが、「歓迎はしていません」という姿勢の園もあるのです。

知人の話ですが、園でトラブルが起こるたびに、保育士から「迎えに来てください」との電話がかかってきて、知人は携帯が鳴るたびにビクッとしていました。

また、「発表会や運動会で成果をあげることが命」となっている園に子どもを入園させた知人は、次のような信じがたい体験をしました。

発表会で鍵盤《けんばん》ハーモニカを勝手に吹いてしまうため、自分の子だけ、音が出ないようにホースに小さな穴を開けられた――。ママ友から「あなたの子が参加したら運動会でうちのクラスが勝てない。運動会を休んでほしい」と言われた――。

それでも、その知人は「園から悪く思われないように」「周りに迷惑をかけないように」と子どもに猛特訓をしていました。

本当に自由で伸び伸びがいいの？

「ずっと自由に遊んでいていいんだよ」と言われたら、「伸び伸びできていいじゃないか」と一瞬思います。私たちには〝スケジュールが組み込まれる→窮屈《きゅうくつ》〟〝自由→楽しい〟という思い込みがあるからです。

けれども、息子の場合は、自由な空間にポツンと置かれてしまうと見通しが立たず、不安になるのではないかと思いました。

幸い、通っていた保育園はタイムスケジュールに従《したが》って、「○時からお歌、○時から体操、○時からはお絵描き」と決まっていたので、息子にとっては保育の流れの見通しが立ち、心理的に安定しました。

小学校には時間割があり、「1時間目は算数、2時間目は国語」と見通しが立ちます。けれども、休み時間に急に「校庭で各自好きなように遊んでいいんだよ」「自由時間は友だちと交《まじ》わろう」と言われると、戸惑《とまど》ってしまう子も実際います。

自由で伸び伸びした幼稚園・保育園は、子どもにとってこの休み時間が一日中続くようなものなのかもしれません。

幼稚園・保育園選びは、大人の固定観念を捨てて、

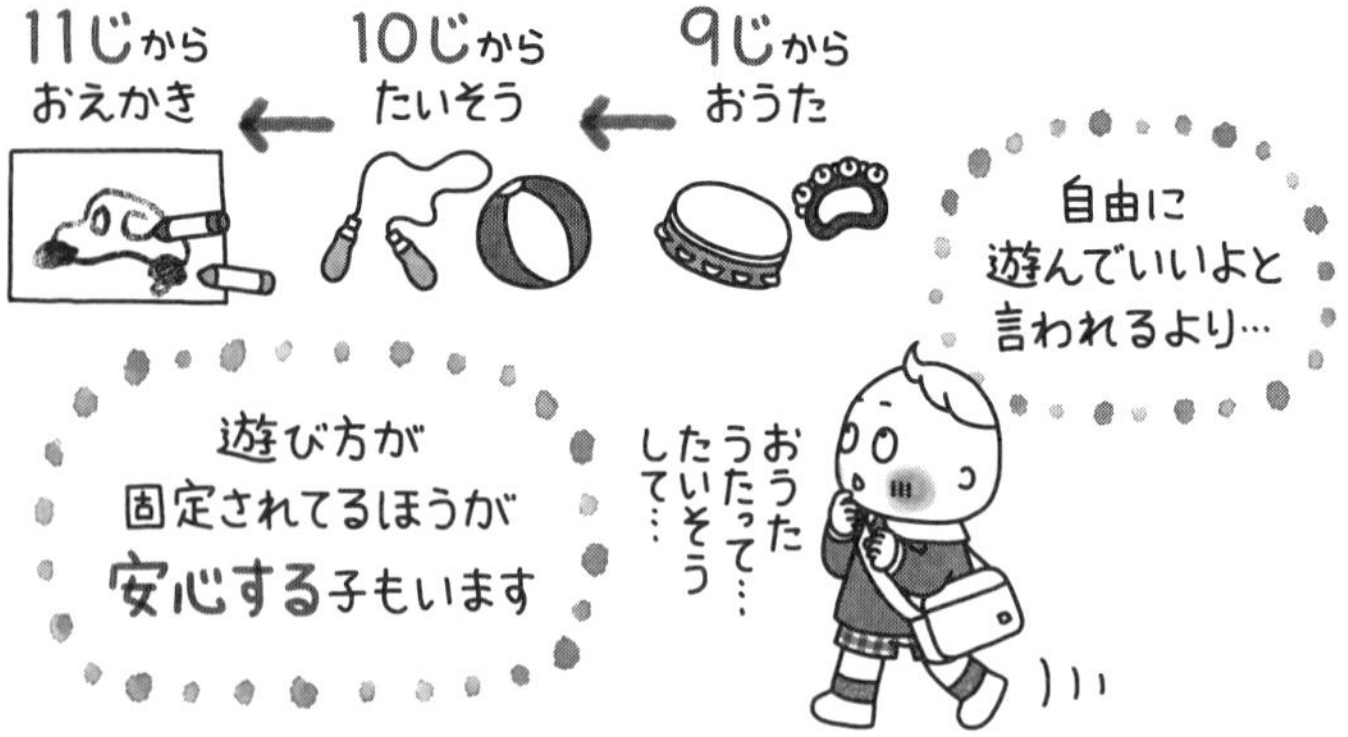

子どもの状態に合わせて一番居心地のいい園を選びましょう。

「教育熱心な園で子どもが刺激を受けて伸びるような気がするから」「親しいママ友の子が通っているから」「園バスが近所まで迎えに来てくれるから」「制服がかわいいから」「有名だから」「施設がきれいだから」などの理由ではなく、発達に課題のある子の保護者の話にじっくり耳を傾《かたむ》けてくれ、他の子と比較したり、「こうであらねばならない」との基準を押しつけたりしない園を選びましょう。

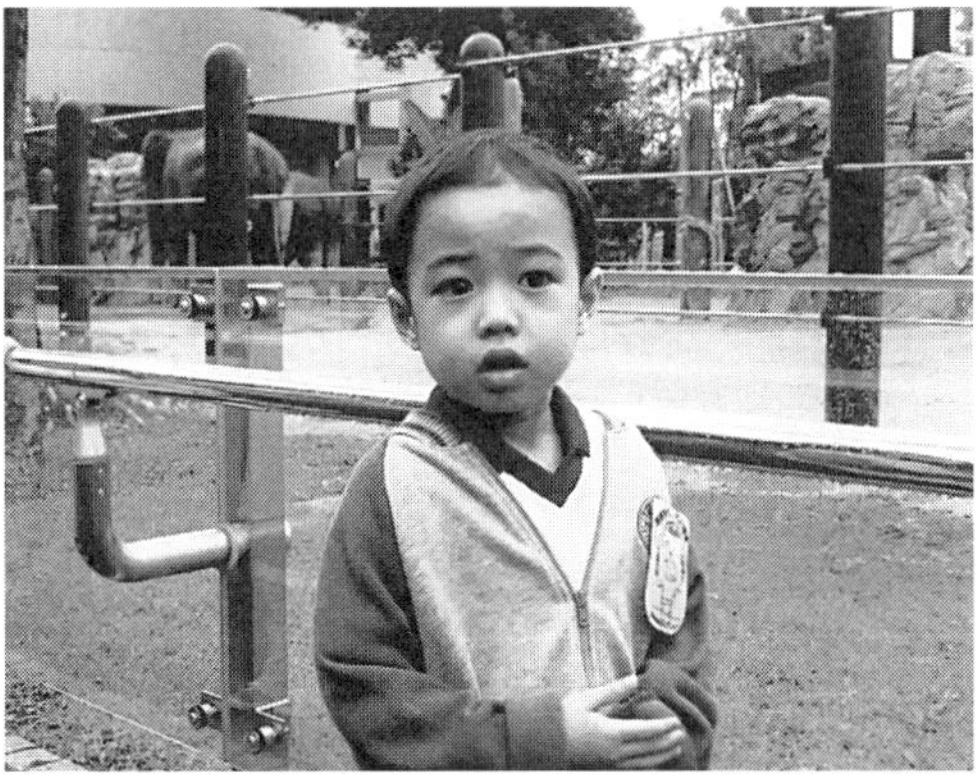

保育園に通っていた頃の息子

「とりあえず」で、通常学級に入れて大丈夫？

就学前健診で迷う通常学級か支援級か

秋は、小学校へ入学するための就学前健診の時期です。

発達に課題があると思われるお子さんについては、通常学級ではなく、特別支援学級（以下、支援級）や、特別支援学校（以下、支援学校）を勧《すす》められることがあります。

そんな時、「保育園の友だちは同じ学校の通常学級に行くのに、わが子だけを支援級や支援学校に隔離《かくり》しろなんてひどい！」と、怒《いか》り狂《くる》う親御さんがいます。

今は専門家の意見があっても、親の意向が優先されます。どんなに知的遅れが重度のお子さんでも、親御さんが「何が何でも通常学級」と言えば、それが通ります。

親御さんのなかには、〝通常学級で定型発達児から刺激を受けて伸びるかもしれない。とりあえず、通常学級に入れて、ついていけなくなったら支援級や支援学校に移してもらえばいい〟と考える人もいます。

　けれども、子どもにとっての1年間は、大切な期間です。通常学級は、良い刺激もあるかもしれませんが、いじめられたり、自信を失《な》くしたりすることもあります。あえて挫折させる必要はあるのでしょうか？

専門家の意見に耳を傾けよう

　私の息子は小学校入学前、ある程度の知的障害があることや、着替えなどの身辺自立がまだできていなかったこ

	通常学級	特別支援学級	特別支援学校
1学級の児童・生徒数	40人（小1は35人）	8人	小・中学部　6人 高等部　8人 （重複は3人）※
個別の指導計画 個別の教育支援計画	策定を推奨	策定義務あり	策定義務あり
担任の資格	教員免許	教員免許	教員免許 ＋ 特別支援学校 教員免許

○個別の指導計画・個別の教育支援計画については、通級（授業は通常の学級で行いつつ、障害に応じた指導を実施する「通級指導教室」）による指導の対象者も策定義務あり
○自治体の予算により、担任以外の補助員がつく場合もある

※文部科学大臣が定める障害を２以上併せ有する児童・生徒がいる場合

ともあり、支援学校への進学を選択しました。知的障害があるのに小学校、中学校を通常学級のカリキュラムで過ごしてしまうと、できるようになるであろうことも身につかない恐《おそ》れがあると考えたからです。

息子の障害の程度を考えた時、教員数と担当児童数の割合にも不安がありました。支援学校に入学してみると、息子のクラスは児童５人に対して教員２人でした。すぐに個人面談があり、個別の教育支援計画と指導計画が作成されることになりました。

私から、「靴ひもを結ぶ練習をさせたいので、蝶《ちょう》結びをマスターさせてください」と伝えると、個別の指導計画のなかに「ひも結びを習得させる」と記載されました。

担任の先生は息子のために教材をつくり、毎日個別学習の時間で蝶結びの練習をさせてくれ、2週間でできるようになりました。

ところが、小学2年生の時、東京都の指導主事の巡回があり、「そろそろ支援級に転校させてもいいのではないか」と言われ、近くの公立小学校の支援級に、3年生から転校しました。

一方で、「一度、通常学級から支援級に入れてしまったら、二度と通常学級には戻れない」という噂も聞きます。でも、それは支援級に入れたことが原因ではなく、子どもにとって、通常学級が適切ではなかったということではないでしょうか。

息子のように、支援学校に入学をしても、発達の様子に合わせて、途中から支援級のある小学校に転校することもあります。わが子の状態や教員数、支援内容の情報を集めて、子どもに合った環境を選択するのが良いと思います。

親は誰よりもわが子のことを知っているわが子の専門家ですが、行政の専門家や学校の先生は、現場をよく知っている学校教育の専門家です。その言葉に耳を傾《かたむ》けることも必要だと私は思っています。

子どもを「通常学級」に入れる時に気をつけること

求められる3つの力

知的障害のない発達障害の子を、小学校の特別支援学級に入学させるか、それとも通常学級に入れるか、親としては悩みます。

通常学級の小学1年生は児童35人に対して担任が1人という配置で、教科書に沿って授業が進められます。そのような環境では、次の3つの力《ちから》が求められます。

1つ目は、「友だちとコミュニケーションがとれるか」です。幼稚園、保育園時代はまだ周りの友だちも幼児です。〝みんなお友だち、みんな仲良し〟が通用します。けれども、小学生になると友だち関係が複雑化し、グループをつくったり秘密を持ったりします。

学習の面ではなんとかなっても、相手の立場に立ったコミュニケーションがうまくとれなかったりすると、仲間外《はず》れになることもあります。

２つ目は、「45分間落ち着いて座《すわ》っていられるか」です。小学校の授業は45分間です。これが午後2時、３時まで続きます。さらには、教師の指示に従《したが》って集団行動がとれることが前提となります。これらができないと、叱《しか》られる回数が増え、自信を失うこともあるでしょう。

ただ、他の子の勉強の邪魔をしたり、椅子《いす》に座っていられず教室を脱走したりするなどの問題行動があった場合は、〝ここにいるのは窮屈《きゅうくつ》だ、つらい〟というＳＯＳなので、学校側が個別の対応を考えてくれることもあるでしょう。けれども、おとなしいタイプの子は、他の子に迷惑をかけるわけではないので、教師にとっては扱いやすい子どもとして、本当は苦しいのに放置されてしまうこともあります。なので３つ目は、「発信する力」です。

個別の対応を受けるには

２０１６年４月に「障害者差別解消法」が施行され、学校は一人一人の困り事に合わせた〝合理的配慮〟を行うことが義務化されました。これにより通常学級に籍《せき》を置いて通級制度（東京都は特別支援教室）を利用する児童には、学校側が「個別の指導計画」や「個別の教育支援計画」を作成することになりました。

これらの指導・支援計画の作成にあたっては、保護者側の要望を反映してもらうために、担任の先生へ次のようなことを伝えておきましょう。

・成育歴
・保育園、幼稚園からの申し送り
・主治医や療育《りょういく》施設からのアドバイス（発達検査・心理検査の結果を渡す）
・苦手なこと、得意なこと
・理解しやすい指示の伝え方
・パニックを起こした時の対処法
・絶対に避《さ》けてほしいこと
・苦手な友だちと馬が合う友だちのタイプ
・他の保護者、またクラスメートへのカミングアウトの必要性

先生と円滑《えんかつ》にコミュニケーションをとるためには、ＰＴＡの役員を引き受けるなど、学校へ頻繁《ひんぱん》に足を運ぶ機会を設《もう》けるのも一つの方法だと思います。子どもが安心して学校生活を送るために、親御さんの努力と頑張りも必要ですね。

通常学級ではこんな難しい算数を学んでいる！

知的障害児が直面　通常学級の算数の壁

現在はその会社を手放していますが、私は20年間、学習塾を経営し、小学1年生から3年生に、算数と国語を教えていました。一般的な子どもが通う塾です。

塾のなかには中学受験突破を目指すところもありますが、私がやっていた学習塾は、基礎学力の習得が目的でしたので、一般的な子であっても〝学校の授業が速すぎてついていけない子〟を指導する補習塾的な面がありました。

学校は、学年末までに教科書を最後まで終えなくてはなりません。「クラスの子全員に学習内容を理解させるために、教科書は3分の2までしか進めませんでした」ということは担任には許されないのです。

熱心な教師は、早朝や放課後などに、理解していない児童を集めて補習することもありますが、教師は激務です。不登校の子を訪問したり、宿題の採点をしたりして手が回らない実態があります。ですから、補習ができる教師ばかりではありません。

一方、親の強い希望で通常学級に知的遅れのある子どもを通わせる場合は、通常学級での学習について、保護者は次の２点を頭に入れておいたほうがよいと、私は感じています。

１つ目は、知的遅れがない子どもが学ぶことを前提にカリキュラムが組まれていること。２つ目は、学年相当の学習を理解できることを前提に教科書はつくられていて、その前提で授業が進んでいくこと。

小学２年生の算数では「かさの問題」を習いますが、これは一般的な子でも苦労する問題です。

例えば、「５デシリットルは何ミリリットルですか」などの問題です。答えは「５００ミリリットル」。この換算《かんさん》問題が登場すると、知的遅れがなくてもお手上げ状態になる子どもが多くいて、この問題を出されるのを嫌がっていました。

そういう意味で、知的遅れがある子が通常学級で学ぶのは苦しいことだと思います。

親同伴授業の思わぬデメリット

学校で介助員が不足している場合、知的遅れのある子どもが通常学級在籍を希望した際には、「親御さん同伴が通常学級在籍の条件です」と言われることがあります。

実際、私の知り合いで、自分の給食費まで払って、6年間授業に付き添った保護者がいました。その結果、他の子の発達を目にして、わが子と比べてしまい、子どもに無理な要求をするようになってしまいました。家族が介助員となるのは、確かに先生方は楽かもしれませんが、これは親御さんにも子どもにも良い環境ではないと思います。

知的遅れがなく行動に問題があるため、保護者

が特別支援学級（以下、支援級）を希望しても、自治体によっては、「知的障害がなければ支援級には通えません」と断られてしまうこともあると聞いたことがあります。

息子は通常学級ではなく、小学校1・2年生の期間は特別支援学校、3年生から支援級に在籍しました。支援級では、息子の能力に合った課題、例えば時計を読む練習やお金を理解するための課題を用意してもらい、きめ細かな指導を受けることができました。

知的障害があり、支援級や特別支援学校に通えるのならば、わが子に適した教育を用意してくれると思います。その場合は、ぜひ活用してほしいと思います。

おとなしい子ほど気をつけて！

自己主張をする子・しない子への対応

少し前の話ですが、知的障害が決して軽くはない子がいました。小学校の入学時、親御さんは〝とりあえず通常学級に入れて、授業についていけなくなったら特別支援学級に移してもらおう〟と考え、通常学級に進級させました。

しかし、いよいよ授業についていけなくなった時点で、他の子からのいじめもあって、その子は自信を失《な》くし、とても傷ついていました。でも、その後、手厚い特別支援教育を受けて、その子は自分の居場所を見つけることができました。

自己主張する積極的なタイプ、受け身のおとなしいタイプなど、人間にはさまざまな性格があります。障害のある子も同様です。クラスメートを突《つ》き飛ばす、興味がなければ教室から脱走するなど、問題行動をとる子がいれば、先生は放《ほう》っておくわけにはいかず、積極的に関わらなくてはなりません。このように明確なＳＯＳがあれば、先生も保護者も特別支援学級や特別支援学校へ行くことを検討しなくてはいけません。

しかし、問題はおとなしい子です。授業がチンプンカンプンでも椅子《いす》にじっと座《すわ》っている、いじめられても黙《だま》って耐えている。奇声を発したり立ち歩いたりもしないので、ある意味、先生方も楽です。でも、おとなしい子は放置されてしまうケースがあるのです。

知っていますか？　教育虐待という言葉

教育虐待《ぎゃくたい》は、「あなたのため」という大義名分のもと、親が子どもに課す「行き過ぎた教育やしつけ」を指します。賛否はあるかとは思いますが、〝障害児の学校選びの時にも言えるのでは〟と感じた事例を次に紹介します。

Ａさんは知的障害の程度も決して軽くはない、おとなしいタイプでした。小・中学校の９年間を通常学級で過ごしました。義務教育の期間は親の強い意向が優先され、通常学級にいることができましたが、高校を受験する学力はなかったので、特別支援学校高等部に入学しました。

入学してみると、Ａさん以外のクラスメートは皆、特別支援学校の出身者で、Ａさんより障害は軽い子たちでした。登下校や着替えなどの「身辺自立」はもちろんのこと、読み書きもある程度できるようになっていました。さらに、「わからないから助けてください」とＳＯＳを出す教育も受けてきたので、〝できないことは他人に頼《たよ》る〟ことも知って高等部に入学してきていました。

ところが、通常学級に９年間いたＡさんは、持ち物管理や片づけ、着替え、一人登校など特別支援教育を受けていればできていたであろうことも身についていませんでした。また、受け身にしていれば誰かがすべてやってくれるという姿勢もついてしまいました。

通常学級では教科書の内容を理解できるという前提で、国語、算数などの授業が行われます。９年間、わからない授業をじっと座って受け続けていたＡさんの苦痛は、どれほどのものだったでしょう。

自分から親や先生につらさを発信できないおとなしいタイプの子だからこそ、進級先で放置されないよう、大人は気をつけて見なくてはならないと思います。

【第5章】大人になってからの向き合い方

病院難民に？　障害年金の落とし穴

18歳からの主治医探し

特別支援学校高等部の担任の先生から、「20歳になったら障害基礎年金をもらうために、今から診断書を書いてくれる主治医を探しておいてください」と何度も言われていました。

息子は強迫性障害もあるため精神科に通っていましたが、18歳までしか診《み》てくれない病院でした。

周りのママ友たちも18歳までしか通えない児童専門の発達障害のクリニックに通わせている人が多く、20歳の年金申請時までに他の医療機関を探さなくてはならない事態に陥《おちい》っていたのです。

また、幼児期や小学校低学年まで病院に通っていても、思春期以降は二次障害もなく落ち着いていたり、投薬もなかったりする場合、病院から離れているケースも多くあります。

反対に、最初から「年金申請のこと」まで見越して、幼い頃から大人向けの精神科が併設《へいせつ》されているクリニックに通わせている賢い親御さんもいました。

でも、私は担任の先生に言われるまで、その知識がなかったのです。

空白の2年間〝病院難民〟になる人も

息子を転院させるため、精神科クリニックに問い合わせました。けれども、まず電話がつながりません。さながら人気歌手のコンサートチケット争奪戦です。

30分後にやっとつながりました。でも「来月の初診枠は満員となりました！」と冷たく突《つ》き放され、予約さえ取れませんでした。

なかにはホームページに「障害年金を受け取るための〝診断書の記入を目的とした新患（新たな患者）さん〟はお断り！」「社労士を連れてきてもお断り！」と具体的に書

いてあるクリニックもあり、門前払いです。

確かに、医師の立場に立てば、いきなり来られても〝幼い頃からずっと診ているわけではないので、年金申請のための診断書を書くのは拒否したい。手間ばかりかかり大変だ〟と考えるのも頷《うなず》けます。

つまり、「児童とされるのが18歳までで、年金申請が20歳の誕生日になってから」という、この2年の空白が問題の原因になっているのです。

「年齢で区切るのは国の制度の都合。子どもの障害は年齢で区切られるわけではないのに……」と思いました。

「当院は18歳まで、それ以降は○○病院になりますが、連携していますので、カルテもそのまま移動となり、予約もこちらから引き継ぎますね」と制度に沿った配慮をしてくれるクリニックであればよいのですが……。「18歳でこのクリニックでの診察は終わりです」となり、病院難民になることもあります。

障害基礎年金で支給されるのは、現在、概《おおむ》ね月約6万円です。障害者が月6万円稼《かせ》ぐのは本当に大変です。定期的に支給される年金があることで、無理なく働くことができ、救われます。
「空白の2年間をつくり出すこの仕組み、何とか改善してほしい」と強く願います。

学んでほしいのは〝感情のコントロール〟

パニックになった息子の行動に変化が

私は障害のある息子に「買い物ができる計算力を身につけてほしい」「自分でできることを増やしてほしい」と思っていました。でも、〝私の考えは間違っていたのだ〟と気づきました。

20歳の頃、自閉症の息子は、就労移行支援事業所に通所していました。ある日、就労支援員の方から、このような出来事があったと教えてもらいました。

「パソコンの訓練中、データを消してしまいパニックになってしまいました。そこで、クールダウンする小部屋での休憩《きゅうけい》を伝えました。息子さんは、部屋で手をブラブラ揺すっていましたが、自傷せず冷静でいようと努力していました。紙に書く、音楽を聴く、紙をびりびり破《やぶ》く、プチプチを潰《つぶ》すなどの対処法を勧《すす》めても、『大丈夫です』と答えました。これまで、感情のコントロールやイライラなどの課題に取り組む機会が少なかったので、これは貴重な時間となりました」と。ちょうどその日は、事業所からの帰りに、楽しみにしている〝放課後等デイサービスの卒業生の集まり〟がありました。しかしその施設から、「立石君から電話があり、気分がすぐれず銀座線を見て家に帰るので、欠席するとのことでした」という連絡があったのです。

私は〝好きな電車を見てから直帰する？　集会も気分転換になるのに〟と思いました。と同時に、〝ワンクッション置かずに家に帰ってくると、家で暴《あば》れて、私に八つ当たりして大変なことになるぞ〟と予想し、携帯で息子の位置情報を確認し、帰宅を恐《おそ》る恐る待っていました。

しばらくすると、息子はもの凄《すご》い勢いでドアを開けて家に入ってきました。しかし、物を壊《こわ》すこともなく、私に当たり散らすこともなく、自傷することもなく、「今日は21時30分に寝る！」（↑本当は21時55分に寝たい）、「今日はトイレの動画を見ない！」（↑本当は見たくて仕方がない）と自分が一番望んでいない言葉を叫《さけ》びました。これも一種の自傷行為（身体《からだ》を傷つけるのではなく、気持ちを傷つけている）なのだと気づきました。

大人でも難しい心のコントロール法

昔はいったんパニックが起こると自傷行為をして物を壊し、手が付けられない状態になっていました。でも、今は違います。

後日、就労支援員の方から、「いつもの行動パターンを自分で変えて、対処されたことは大きな成長です」と言われました。また、放課後等デイサービスの職員からも、「今回の立石君の判断と行動は本当に素晴らしいと思いました。きっとそのままの気持ちを引きずっ

ていたら楽しめないことを本人なりに考えて、銀座線を見てから参加するのではなく、欠席する方法を選んだのだと思います」と語ってくれました。

お金の計算ができなければ、「僕は計算ができないのでここ（財布）から取ってください」と誰かに頼《たの》むことができます。でも気持ちのコントロールは、人に頼めません。自分の気持ちを自分でコントロールする術《すべ》を知ることは、これからの人生を生きていくうえでとても大切なことだと思いました。

親の最大の願いは……逆算してわかること

息子にとって幸せとは何か

私の最大の願いは、息子が最期の日を迎える時、〝僕の人生は幸せだった〟と思い、天国に行くことです。

これは親だったら、誰もが望むことなのではないでしょうか。そこに立ち返ってみると、子どもの人生のさまざまな分岐《ぶんき》点で何をどう選べばいいか見えてくるように思います。

・良い学校に入る
・定型発達の子から刺激を受けて伸びる
・有名企業に勤《つと》める

・優《すぐ》れた才能を持って世間から評価される

私たちは普段から、子どもの幸せについてそんなふうに思い込んでいないでしょうか。一見どれもこれも幸せにつながるように思えますが、本人にとってはどうなのでしょうか？

世間から見てどうかとか、一般的にはこれが幸せだとか、親がこれを幸せだと思っているとかではなく、本人がそれをどう感じているかが重要なのだと思います。

本人目線で進学・進路を考える

息子が、〝僕の人生は幸せだった〟と呟《つぶや》いてくれるためには、どうすればいいのか——。ある日、私は息子の最期の日から逆算して考えてみました。すると、次のような考えに至ったのです。

1つは、療育《りょういく》の鬼と化して、苦手なことを克服《こくふく》させようと必死になるのではなく、療育はほどほどにして、息子の安心・安全を確保してやること。

2つ目に、勉強ができなくてもいいから、いじめられたり、自信を失《な》くしたりすることなく、学校へ行くことが楽しいと思えること。また、通常学級にこだわらないこと。

3つ目は、私がこの世からいなくなっても、頼《たよ》れる大人が周りにたくさんいること。

息子が幼い頃、カラスの鳴き声を聞き分けているのを知って、〝耳がいいんだ。ピアノを習わせてピアニストか調律師になれるよう、頑張らせるのが親の務《つと》め〟と思い込み、息子の才能発掘《はっくつ》のために必死で習い事をさせていました。でも、ピアノの練習をひどく嫌がり、〝これではつらい毎日で、安心・安全どころじゃないぞ〟と気がつきました。

小学校入学時は、個別にきめの細かい対応をしてくれる特別支援学校を選びました。最後の学校生活の場は、特別支援学校高等部に入学させることにしました。ただし、特別支援学校高等部は高校の位置づけではありません。卒業しても高卒資格は得られないので、普通高校を目指すママ友もいましたが、私の息子には学歴は必要ないと思いました。

特別支援学校高等部卒業後は、一般就労を目指すのではなく、2年間、就労移行支援事業所に通わせました。定型発達の人でも、高校を卒業した後にすぐに社会へ出ないで専門学校や短大や大学に行く人もいるのですから、いきなり社会に出さず、しっかりと学んでほしいと考えたからです。

子どもが幸せな人生を歩むことがすべての親の思いですが、その方法論や選択する道は親によって違ってきます。子どもにとって不幸にならないように、本人の目線に立つことが大切なのではないでしょうか。

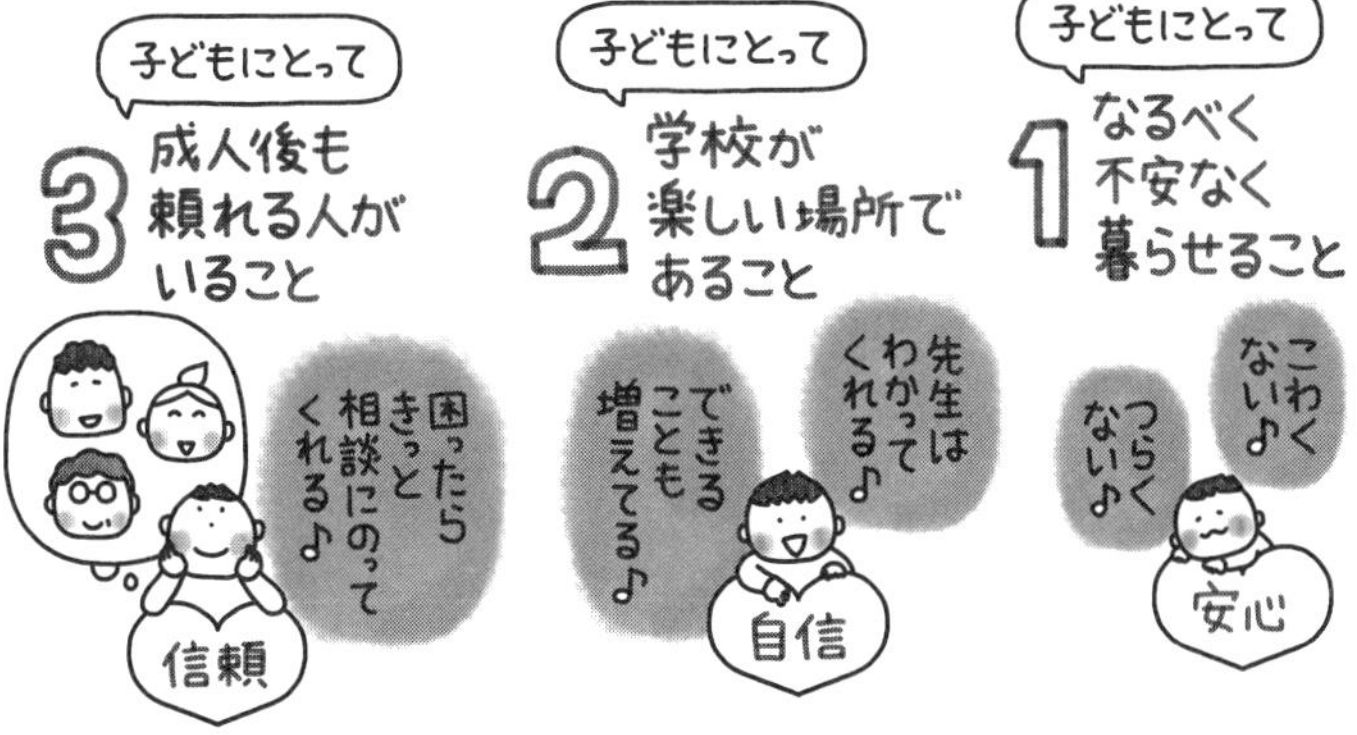

発達障害の人が障害者雇用の際に必要なもの

法定雇用率にカウントされるには

発達障害の人のなかには知的に大きな遅れがない人もいます。でも、生きていくうえで多くの困難が伴《ともな》います。

ところが、〝発達障害者手帳〟というものはなく、障害があることを示す手帳を取得するなら、精神障害者に発行される「精神障害者保健福祉手帳」を持つしかありません。制度的には発達障害がある場合、精神障害者保健福祉手帳の対象として分類されているからです。

発達障害の子を持つ親御さんのなかには、この事実に、「うちの子を精神障害者扱いするな！」と怒《おこ》り出す人もいます。

従業員が一定数以上の規模の事業主は、従業員に占《し》める身体精神障害者の割合を法定雇用率以上にする義務があります。民間企業の法定雇用率は2・3％、つまり従業員を43・5人以上雇用している事業主は、障害者を1人以上雇用する必要があります（役所などの公的機関の法定雇用率はこれ以上です）。

一般枠で企業就労するのが難しい場合、障害者雇用枠で就労することができますが、障害を証明する手帳が必須となります。しかし、日本で障害があることを証明する手帳は次の3つしかありません。

・身体障害者手帳
・療育《りょういく》手帳
・精神障害者保健福祉手帳

手帳の名称に怒り出す親たち

視覚、聴覚、上肢《し》下肢欠損《けっそん》、体幹障害による歩行困難などの身体障害がなければ、身体障害者手帳の対象となりません。また療育手帳も、自治体によって基準は異《こと》なりますが、東京都の場合なら、知能指数が76以上だと療育手帳の対象とはなりません。

そうすると、発達障害の人が障害を証明するには、「精神障害者保健福祉手帳」となります。すると、「うちの子は精神障害ではない」と憤《いきどお》る親御さんがいるのです。

そのような親御さんに会うと、私は心のなかで、〝そうじゃないのよ。知的障害のない発達障害児が、障害者雇用促進法の法定雇用率でカウントされて企業就労するには、なんらかの障害者手帳が必要なのよ。知的障害のない発達障害児には、精神障害者保健福祉手帳しかないのよ〟と訴《うった》えたくなります。

発達障害のある人が社会生活で抱《かか》える困難さは、知的障害、精神障害、身体障害がある人と同じです。

日本の福祉は自己申告制です。親がわが子の障害に気づいて積極的に動くことで、そのサービスを受けることができます。

ただ発達障害の人のなかでも、知的遅れが伴わない人は、二次障害を起こして精神疾患《しっかん》（うつ病や強迫性障害など）を患《わずら》っていなければ、精神障害者保健福祉手帳は取得できないと言われています（自治体により発達障害の診断を受けているだけで手帳を出してくれるところもあるようですが）。その時は、「障害福祉サービス受給者証」を取得して、福祉とつながることが大切だと思います。

人生１００年時代、親亡《な》き後の人生が長く続きます。雇用枠での就労を目指したり、福祉サービスを活用したりして、子どもと社会とを結びつけることは、きっとわが子を守ることにつながると思います。

目先だけを見ないで！　8050問題

人生100年時代で重要な社会とのつながり

園の先生から「○○君の行動が心配です。一度、専門機関を受診してください」と言われたら、誰でもショックを受けます。なかには、〝うちの子を障害児扱いした！〟と、先生に怒《いか》りの気持ちを持ったまま、一歩も前に進めない人もいます。

また、母親が子どもの障害を受容《じゅよう》し、「専門機関を受診したい。療育《りょういく》手帳も取得したい」と思っても、夫や姑《しゅうとめ》から「似たような子はたくさんいるじゃないか！　個性の一つだ！」と言われて、夫婦関係が悪くなったり、母親がうつになったりする人もいます。

今、人生100年時代と言われます。親亡《な》き後、子どもの人生は長く続きます。仮に30歳でわが子を産んだら、親が80歳の時、子どもは50歳です。

近年、「『８０５０』問題」という言葉が話題になっています。引きこもりの50歳の子どもを、年金暮らしの親が支えている状態を表す言葉です。その背景には〝発達障害が隠れているのでは〟とも言われています。また、「重ね着症候群」という言葉もあります。精神疾患《しっかん》の治療がうまくいかない陰《かげ》には発達障害があり、このケアをしないと、見かけの（＝上着の）疾患は改善しないという意味です。

親亡き後を見据えてできることを着々と

親子共に、福祉サービスにつながらないままでいると、親が亡くなった後、障害のある子どもは「孤独死」しかねません。そうならないためには、まずは〝福祉の網《あみ》の目〟からこぼれ落ちないように、「療育手帳」や「精神障害者保健福祉手帳」を取得しましょう。これがなければ行政に対して〝障害がある〟証明ができないからです。また、手帳が取れなくても「障害福祉サービス受給者証」を取り、福祉サービスを受けることもできます。こうして、まず社会とつながること、そして行動することです。

「手帳を持っているとデメリットがあるのでは？」「就職する時に不利になるのでは？」という人がいますが、デメリットはありません。それを使いたくなければタンスの奥にしまっておけばよいのですから。

親の死後に相続させる財産についても、計画を立てておきましょう。親が亡くなったら、法定相続人である子どもが親の財産を相続することになります。多額のお金をいきなり手にしてしまった知的障害のある40代男性が、数カ月にわたって客引きにつかまり、何度もバーに連れていかれ、親が残した５００万円をあっという間に使い切ってしまったという事件もありました。

こうならないためには、親が生きている間に財産管理の仕組み（家族信託《しんたく》など）を利用することです。詳しくは『障害のある子の「親なきあと」』（渡部伸著・主婦の友社）などを参考にしてくださいね。

親が亡くなった後、残された子どもから「世間体を気にして障害を隠し、何も動いてくれなかった」と恨《うら》まれないように、まず子どもの障害を受容することです。親が乗り越えなくてはならない第一のハードルですが、ぜひ前に進んでほしいと思います。

【第6章】発達障害の理解を広めるために

励ましの言葉が相手を傷つけているかも？

ママ友に言われた心ない言葉

障害児を育てている親を元気づけるつもりで、よく「子どもはお母さんを選んで生まれてきたのよ」と言う人がいます。

言われた側にしてみたら、「きれい事言わないでよ！　私は選ばれたくなんかなかったのに！」と心のなかで叫《さけ》んでいるかもしれません。さらには、「責任を持ってしっかり育てなさい」と責《せ》められていると感じているかもしれません。

この世に生まれてくるかこないかは、子どもの選択ではありません。そうならば虐《ぎゃく》待《たい》されてしまう家庭に生まれる子も、親を選んでやってきたということになってしまいます。

私の息子は知的障害のある自閉症です。私が教育関係の仕事をしていることを知ったママ友から、ある日こう言われたことがありました。

「やっぱり、子どもは親を選んで生まれてくるのね。だから立石さんを選んで△△君は生まれてきたのよ」と。

さらに、ママ友仲間に栄養士の資格を持つ人がいました。その子どもはとても食欲旺盛《おうせい》な子どもでした。すると、その同じママ友は、「□□君はやっぱり、料理上手のママを選んで生まれてきたのね」とも言っていました。「きっと栄養士の元に食物アレルギーや偏食《へんしょく》の子が生まれても同様の言葉をかけるのでしょうね」と、私は思いました。

決して悪意はないんです。でも、栄養士のママと障害の子を持つ私とを同列に並べるのは、「ちょっと違うのでは？」と感じてしまいました。

障害の子を持つ親が思うこと

障害児を育てている親なら、誰でも一度はこう思うはずです。〝1つだけ願いが叶《かな》うのならば、この子の寿命よりも1日だけでも長く、私を生かしてください〟と。つまり、「親亡《な》き後の子どもの行く末」を案《あん》じて、〝この子を残して逝《い》けない〟と強く思っているのです。

順番的にはそういうわけにはいかないのですが、つい、そう思ってしまいます。少なくともそんな気持ちでいる人に、「あなたを選んで生まれてきたのよ」とは言わないでほしいのです。

では、どんな言葉をかけたらよいのでしょうか。私の経験ですが、「大変そうだね。私には、あなたの本当の苦労を知ることはできないかもしれないけど、何かできることがあったら言ってね」。そう言ってもらえると救われます。

また、買い物をしている時にママ友が「今のうちに買ってきたら」と息子を見ていてくれたり、バスのなかですぐ席を立ってしまう息子を奥の席に座《すわ》らせてくれたり、息子がはまっている国旗カードを誕生日プレゼントでくれたり……。そのちょっとした気づかいが、心にじーんと染《し》みました。

うつ病を患《わずら》っている人に「頑張って」との言葉をかけてしまうと、〝これ以上、どう頑張ればいいんだ〟と逆に追いつめてしまうと聞きました。私は障害の子を持つ親に対しても、同じだと思うんです。

もし、周りにそのような人がいたら、安易な励《はげ》ましの言葉を出す前に、〝この人は日々、必死に頑張っている人なんだな〟と少しでも考えていただければと思います。

気づいているのに言えない保育士のためらい

発達障害の受容を先送りしないで

私は幼稚園、保育園から「発達が気になる子の保護者への伝え方」とのテーマで研修依頼を受けることが多いのですが、先生たちは、保護者から次のように言われることがあり、なかなか言い出せないそうです。

・「子どもの問題行動は先生の指導力が問題！　うちの子を障害児扱いしないで」と詰め寄られた。

・「障害児保育加算を目当てにしているのですか」と言われた。

・「上の子も同じ感じだったが今はしっかりしている」「家では問題ない」と言われてしまい、それ以上話が進まない。

園の先生のなかには、保護者からの攻撃が原因で、うつ病になった人も少なくないといいます。また、このような親の反応から、〝指摘したら、親御さんを傷つけてしまうのではないか〟と感じたり、〝自分も親からどう思われるだろうか〟と不安に駆《か》られたりする先生も多いといいます。

でも、保護者も園も「子どもの幸せ」という同じ方向を見ているのですから、〝親からどう思われるだろう〟と考えるのは、どうかやめてほしいと思います。

保護者との関係悪化を恐《おそ》れて問題を先送りし、「長い目で見ましょう」「個性の一つですから」などの曖昧《あいまい》な言い方をしてしまうと、〝障害の放置〟につながります。子どもは、親にも周りにも理解されないまま、いばらの道を歩み、苦しむことになるのです。

知的障害がなければ通常学級に通うケースも多いです。また、園からの申し送りで障害特性を学校に伝えれば、「障害者差別解消法」に基づく合理的配慮をすることが公的機関には義務づけられていますので、障害に対応した配慮を受けることができます。でも、伝えていなければ、子どもは担任から厳しい叱責《しっせき》を受けたり、同級生からいじめに遭《あ》ったりする恐れがあるのです。

園は言い方の工夫を 親も冷静に

園からの情報共有に対し、拒否反応を示す母親のなかには、日頃、夫から「お前のしつけが悪いから、園で集団行動がとれないんだ」と言われていたり、舅《しゅうと》や姑《しゅうとめ》からも「あんたの家の血筋が悪い」と責《せ》められ、孤立無援状態に陥《おちい》っている人がいたりするかもしれません。そこへ「○○君が問題行動を起こし、周りの子に迷惑をかけています」と、園側の都合を押し付けるような言葉をかけられたら、もっと心を閉ざしてしまいます。

園側も、母親と話す時は家庭の背景を知り、「ご主人は理解がありますか？」と聞いたり、〝お母さんの応援団になって保育のなかで○○君を育てていきたい〟とのスタンスを貫《つらぬ》いたりすることが大切です。

　診断名を言うのは医師の役目。園は専門機関で診《み》てもらうよう、背中を押すだけでいいのです。

　一方で、園側は非常に言いにくいことを勇気を奮《ふる》って言ってくれているのですから、親も理解と寛容《かんよう》さを持つことが大切です。親にとって「わが子の発達に問題がある」ことは受け入れがたいことだと思いますが、園側のメッセージにしっかりと耳を傾《かたむ》けてほしいと思います。

何もかも一緒がインクルーシブ教育ではない

できることに「光」を当てる配慮を

インクルーシブ教育とは、障害のある子とない子が共に学ぶことですが、その方法については疑問に感じることがあります。

小学生の頃、自閉症の息子は特別支援学級にいましたが、運動会では通常学級の児童と一緒に行う競技がありました。

息子は興味のあるものを目にすると脱兎《だっと》の如《ごと》く全速力で走ります。でも、他者と競《きそ》う気持ちがないので、リレーではどんなに急《せ》かしても全力疾走《しっそう》

リレーの出番を待っている写真（右端が息子）

せず、小走りする感じでした。

　リレーの出番が近づいてきました。私は写真を撮ろうと入場門に近寄りました。すると、通常学級の子どもが「ちぇっ、あいつが入ってきたぜ。俺たち負けるな」と言っているのを耳にしました。

〝ここ一番の勝負の時、そう感じるのは当然だなあ〟と私は思いました。

「○○（息子の名前）が足を引っ張ってしまうことになり、ごめんね」と謝ると、子どもたちはばつが悪そうな顔をしました。それがよけいに嫌でした。

　騎馬戦の時も参加メンバーには加わっていながら、下の写真のようにただそこに突《つ》っ立っているだけで、他の子を持ち上げようとしませんでした。息子が入ったグループは完全に不利になりました。

騎馬戦の際の息子のようす（左端）

こういう時は、全《まった》く同じ土俵《どひょう》に立たせて競わせるのではなく、走者にバトンを渡す係など競うこと以外の参加の方法をとってほしいと思いました。

アレルギーへの対応も画一的でなく柔軟に

息子は食物アレルギーがあります。生まれ持った体質なので、他の子と違うものを食べるのも仕方ないことだと思って育ててきました。周りの子がプリンやケーキを食べていても、息子には煎餅《せんべい》など別の食べ物を与えていました。

でも、通わせていた放課後等デイサービスでは、「○○君に合わせて皆で牛乳、卵なしのおやつをこれから食べましょう」と、息子と同じものを食べるよう配慮されました。

もちろん、その心遣《づか》いはありがたいことなのですが、〝牛乳や卵入りのおやつを楽しみにしている子どももいるだろうに……それって平等をはき違えているのでは〟とも感じました。

共に学ばせながら、時には健常児と障害児の教育環境を変えたり、違う課題を与えたりするのが、本当のインクルーシブ教育ではないでしょうか。

わが子の障害をなぜ受容できないのか

障害を受容できないいくつかの理由

私は各地で講演をする機会が多いのですが、その際、「わが子の障害を受容《じゅよう》できない」という人に出会います。なぜなのか考えてみました。

理由の一つとして、「障害が軽い」ケースがあります。だから〝うちの子に障害があるはずがない〟と思ってしまいます。2つ目に、「親自身の人生のなかで障害者と接する機会がなかった」ということもあるかと思います。そのため〝障害があることは恥《は》ずかしいこと、不幸なこと〟と思っているかもしれません。3つ目は、自身の親から「人並み、普通であることを押し付けられて育った」ことも考えられます。そのような考えから、わが子にも〝普通であること〟を強く望んでしまうのです。

しかし、講演会等に足を運んでいる人はまだ意識の高い人です。反対に「発達障害

「……」と聞くだけで耳をふさぎ、研修や講演を避《さ》ける人は、結果的にわが子を苦しめることになってしまいます。

母親を悩ませる家族の無理解

発達障害の子を持つ母親の悩みのなかに、同居する家族の無理解があります。

ある母親は、「自分は保育園で同じ年代の子と接する機会が多く、わが子の行動を見て発達障害を疑っている」と語ります。しかし夫からは、「甘やかしているからだ」「療育《りょういく》手帳？　障害者のレッテルを小さいうちから貼りつけるのか」「似たような子はたくさんいるじゃないか。個性の一つだ」と責《せ》められ、夫婦喧嘩《げんか》が絶《た》えないそうです。

さらに、その夫は子どもに対しても、「どうして、周りの子と同じことができないんだ！」と言葉の虐待《ぎゃくたい》をするというのです。

私は大人の考えは、簡単には変えられないと思っています。ですから、ひとまず子どものことを第一に考えて、黙《だま》って母親だけで行動すればよいと考えています。

また、祖父母が介入してくるケースでは、なおのこと理解を得るのは難しいでしょう。祖父母世代が子育てをしていた時代は、「子どもが自閉症になるのは〝冷蔵庫マザー（＝愛情をかけない親）〟が育てたからだ」とまで言われていたからです。

その場合も、療育施設に通っていることや、療育手帳を取ったことを秘密にし、手帳はタンスのなかに隠しておけばよいのです（手帳については戸籍、住民票にも載《の》らない。また、障害者扶養控除《ふようこうじょ》を申請しなければ、源泉徴収票にも記載されない）。

受給者証や療育手帳を取得すれば、生涯にわたりさまざまな福祉サービスを受けることができ、子どもを救ってくれます。

その一方で、子どもが通常学級か特別支援学級か特別支援学校か、どこに進級するのかで意見の相違があったら、これは内緒にはできません。授業参観に来られたら、どの学校へ通っているかわかってしまうからです。

そんな時は相談機関（自治体に設置されている発達障害児支援センター等）などの第三者に間に入ってもらいましょう。妻のことを「所詮《しょせん》、素人だから」と思っている夫の場合、他人の意見のほうが冷静になり聞く耳を持つかもしれません。

夫から「あの時は反対したが、ママに任せてよかった」と感謝される日がきっと来るに違いありません。世間体や親のプライドを捨て、子どもの幸せに焦点《しょうてん》を当て、ベストな選択をしてほしいと思います。

子どもを苦しめる「熱心な無理解者」

できないことにこだわる大人たち

「熱心な無理解者」という言葉があります。児童精神科医の故・佐々木正美先生が提唱された言葉です。これは次のような特徴がある教員、支援者、親のことを指します。

・「障害というハンディがあるのだから、今、つらくても頑張らせることが本人の将来のため。それが愛情だ」と思っている。
・「こだわりはわがままの一種なのだから、応じてはならない」と考えている。
・「努力すれば必ずできるようになる」と信じて疑わないところがある。
・苦手を克服《こくふく》させようと努力させ、何でも一人でやらせようと試みる。
・偏食《へんしょく》を徹底して直そうとする。

・本人にとって難しいことでも、みんなと同じことができるようにさせようとする。
・本人の意図《いと》を考えずに才能を開花させようと躍起《やっき》になる。
・「障害に伴《ともな》う困難の改善」ではなく、「障害そのものの克服」を目的にしているところがある。

以上が「熱心な無理解者」の特徴です。確かに〝この子は障害があるのだから、何もできなくてもいい、放《ほう》っておいていい〟よりも、〝この子の将来のため〟と思い、熱心になることは大切なことだと思います。しかし、その熱心さが、時に子どもを苦しめてしまうことがあります。「良かれと思って」と熱心に取り組むあまり、子どもの真の心に気づかないことがあるのです。

子どもにとって大人は安心・安全な港

では、子どもに寄り添い、子どもの気持ちを大切にする対応とは、どのような対応なのでしょうか。私は次のような姿勢が大事だと思います。

・できることを伸ばそうとする。
・偏食を無理に直そうとしない。
・こだわりに十分に付き合い、信頼関係を築いた上で、こだわりの緩《ゆる》め方を一緒に考える。
・大人本位の「こうあるべき」にとらわれすぎない。
・子どもの今の状態を受け入れている。

人生をスタートさせたばかりの障害がある少数派の子どもにとって、社会は怖いものですし、苦手なことばかりある世界です。そんな時、熱心な無理解者から、「あなたはこうあるべき」と押し付けられ、叱責《しっせき》を受け、無理強《じ》いされることが続くと、苦手なものに挑戦する意欲さえ奪《うば》われてしまうかもしれません。ですから、小さい頃は、〝この世は怖くない、安心・安全なんだ〟〝先生や親は自分を脅《おびや》かす存在ではない〟〝大人は自分を守ってくれる人間である〟と体験させることが重要です。

　そして、年齢を重ねていくと、障害のある子も〝人生には思い通りにならないこともある〟ということを経験します。そんな時、心地よい「港」のような存在があれば、社会という大海原《おおうなばら》に出る勇気も出ます。

　人生をスタートさせたばかりの時期は、特に大人との愛着形成を築く大切な時期です。保護者も支援者も先生も、そのことを忘れてはならないと思います。

心をえぐられるような言葉の暴力

親子に発せられた断り文句

自閉症の息子が小学1年生の時、喘息《ぜんそく》発作が激しかったので、体力づくりにと、水泳教室の体験授業に連れていきました。そこでは、さまざまな断られ方をしました。

A水泳教室

「せっかくお越しくださったのに申し訳ございません。障害のあるお子さんは対象外ですから、入会をお受けすることはできかねます」

B水泳教室

「他のお子さんに迷惑がかかってしまいます。誠に申し訳ございませんがお引き取りください」

A・Bはとても丁寧《ていねい》な言い方です。運営側としては正論です。でも私にとっては〝結局、うちの子はみんなと一緒に練習できないから、来てもらっては困るということでしょ。定型発達児なら体験後、勧誘されるのにうちは真逆〟と思い、悲しくなりました。でも、一番、心をえぐり取られるようなきつい言葉は、次のような断られ方でした。

C水泳教室

「お母様、あなた、一体何を考えているんですか。こんな程度の低い子、うちで水泳習えるわけないでしょ。入会はお断りします！」

ここは大会に選手を輩出《はいしゅつ》することでも有名な教室でしたので、足を運んでしまった私たち親子は場違いな存在でした。でも、この水泳教室の体験を受ける前、どうしても入会させたかった私は、息子に何度も「コーチの言うことを聞いてじっとしているのよ。動いたり走ったり暴《あば》れては絶対にダメよ」と言い聞かせていました。

その言葉をきちんと守り、それなりに体験の場では頑張っていた様子が保護者席からよくわかりました。でも定型発達児のように長くじっとはしていられなかったので、モゾモゾ、ゴソゴソし始めました。

息子はプールから腕《うで》を鷲掴《わしづか》みにされ、中途退席させられました。状況がわからず、上に上がってきた息子の濡《ぬ》れた身体《からだ》を抱《だ》き締《し》め、「よく、頑張っていたね。偉《えら》かったね。もう帰ろうね。帰りにお菓子買っておうちで食べようね」と、私が泣いていることが知られないように言いました。

思いをくんだ納得できる断られ方

数多く訪《おとず》れた水泳教室のなかで、たった一つだけ、良い断り文句を言ってくれた教室がありました。

D水泳教室

「水泳は危険を伴《ともな》うスポーツです。子ども10人に対して、コーチは1人なので、立石さんのお子さんに何かあったら大変です。ですから現状では、コーチの数も限られていますので、入会をお断りせざるを得ません。こちらも誠に残念なのですが、申し訳ございません」

この言葉でやっと諦《あきら》めることができました。この断り文句だけが私の立場、こちらサイドの思いをくんで言ってくれていました。他のところは、どんなに丁寧な言葉を使っていても、あくまでも水泳教室側の論理を押し付けているように感じました。

最終的には、この水泳教室は日曜日に、障害児用の枠があり、そこで受け入れてもらえました。最初から個別指導や障害児枠を設《もう》けている水泳教室を選べばよかったと反省しました。

「うちの子は、それ系だから」!? 発達障害って決めつけないで

発達障害と決めつけたがる人

発達障害の人は、人間関係を築くうえで、〝相手の気持ちを考えてコミュニケーションをとることができない〟などの困難を抱《かか》えています。

そのような苦労をしている人がいるのに、定型発達の人のなかには、自身のことを、「俺ってそれ系（発達障害系）だから」と自慢げに言う人がいます。このような人のなかには、自分が時間にルーズで、約束を守らないことを注意された時に、「僕は発達障害系だから許してね」と、開き直っているケースもあります。

また、わが子についても、しつけができていなくて、わがままなだけなのに、〝うちの子は発達障害かもしれない〟と思いたがる親御さんもいます。

このような言い方を、発達障害と診断を受けている当事者が聞くと、「コミュ障」「それ系」「空気が読めない」などの軽い言葉では済まされない過酷《かこく》な日常を送っているので、非常に不快に感じます。

　また、このようなケースもありました。ある母親が、病院の待合室で騒《さわ》ぐわが子を叱《しか》ることなく、「うちの子は多動ちゃんだから許してね～」と周囲に言っているのです。この母親は、子育てがうまくいかないのを、自分のしつけのせいだと思いたくないために、発達障害であるというお墨《すみ》付きが欲しいのかもしれません。

　教育現場でも、同様なケースがあります。学校の先生に指導力がないために、学級崩壊をしてしまっている場合でも、「うちのクラスには発達障害の子

がいる。その影響から、教室から出て行ったり、私語をやめなかったりする児童が大勢いるのだ」と、原因を発達障害のある児童に求める先生もいるのです。

どこまでが個性で どこからが障害か

その一方で、友だちと一緒に何かをするよりも一人で遊んでいたいタイプのわが子に対して、〝うちの子は自閉症かもしれない〟と不安になる親御さん。さらには、椅《い》子《す》にじっと座《すわ》っていられなくて、元気に走り回っているわが子を見て、〝注意欠如《けつじょ》／多動性障害（AD／HD）かもしれない〟と不安になる人もいます。

これは例えば、「○○がんの初期症状は○○である」と耳にすると、身体《からだ》の症状を全部それに当てはめて不安になる人がいますが、それと似ています。

でも、無理もないのです。なぜかというと、人間の行動や態度は、境界《きょうかい》線が曖昧《あいまい》なグラデーションだからです。

例えば、性格についても、明るい人・暗い人が「数値70以上は明るい人で、数値30以下は暗い人です」などという基準はつくれません。個々の感覚で相手を捉《とら》えて言っているだけだからです。また、これだけ医学が進歩しても、採血して、「はい、あなたのお子さんは発達障害です」といった客観的な生物学的マーカー（指標）はありません。

しかし専門機関では、これまでの知見や経験から、発達障害か否《いな》かの診断を客観的に行ってくれます。もし、わが子の行動に少しでも不安を覚えるのなら、決して自己判断をせずに、専門機関を受診することが大切ではないでしょうか。

決まった枠組みで子どもを評価する教師たち

教師に勧めたいリフレーミング

私は以前、学習塾を経営していました。また、発達障害児を育てる保護者でもあります。そのためなのか、時折、小学校の先生を対象とした研修の依頼があります。その際、多く受ける質問に、「集団行動がとれない子には、どう接すればいいでしょうか」「椅子《いす》に長く座《すわ》っていられない子には、どう対応しますか」というものがあります。

私はこれらの質問を聞くと、〝教師のなかには、椅子に座っている、集団行動がとれる、勉強ができる等の枠組みのなかで、子どもを評価している人が多いのだな〟と感じます。

もちろん、そうではない先生もいますが、一定の枠組み内でしか子どもを評価できない先生も少なからずいます。

学校の先生たちから、そのように質問を受けた時、私が伝えていることは、思考の枠組みを変える「リフレーミング」という考えです。

「集中力がなくて、椅子に座っていられない」という認識を、「さまざまなことに興味関心がある」と捉《とら》え方を変えてみると、その子への見方も変わります。

「給食で好き嫌いが多い」といったことも、「味がわかる敏感《びんかん》な舌を持っている」と考えてみたら、〝ひょっとしたら、将来料理人になる素質があるかもしれない〟と、その子の可能性にまで、思いが広がるかもしれません。

私は、「学校生活では問題視されることも、捉え方を変えてみると、その子の才能を発揮する個性になるかもしれません。叱《しか》ってばかりいないでください」と、先生方に言いたいです。

子どもへの褒めポイントを変える

子どもが人生の初めの段階で長く一緒に過ごす大人は、親と教師です。

特に、担任の先生は子どもの人生に大きな影響を及ぼします。その担任の先生からの評価が低く、自信を失ったり、自己肯定感が低くなったりしたら、卒業後に認めてくれる人が現れたとしても、回復はなかなか困難です。

叱ってばかりいる先生方に伝えたいことは、「子どもによって、褒《ほ》めポイントを変えてほしい」ということです。

例えば、「給食をおかわりする」「寝癖《ぐせ》がついていない」「誰よりも早く学校に到着している（忘れ物魔でも）」「蝉《せみ》とりがうまい」「風邪をあまり引かない」「砂場で泥《どろ》団子を上手につくれる」など、ほんの小さなことでも、子どもが頑張っていること、一心に取り組んでいることを褒めてほしいと思います。

また、支援が必要な児童ばかりに関わっていると、他の児童は〝先生はえこひいきしている〟と感じるかもしれません。

そして、子どもはみな、「カマッテちゃん」なので、叱られるということで、担任の気を引こうとします。

そうならないためには、それぞれの子どもの特徴に合わせて、褒めポイントを変えていくことです。

個別の褒め言葉だと、子どもは、〝自分のことをよく見てくれている〟と感じます。そうすれば、支援が必要な発達障害児に手間を取られることが多くなっても、クラス運営はうまくいくのではないでしょうか。

異性の子とのお風呂いつまで一緒に入る?

障害者への接し方で気をつけたいこと

私は週末、知的障害者移動支援の仕事、いわゆるガイドヘルパーをしています。

先日は、成人自閉症の男性コウちゃん（仮名、41歳）と、外出しました。

私は、〝コウちゃんは、実年齢は41歳だけど、知的障害もあるので頭のなかはまだまだかわいい子ども〟と思っていました。

手を離すと脱走する人ではないのに、私はコウちゃんの年齢も考えずに子ども扱いしてしまい、道中ずっと手をつないでいました。コウちゃんも拒否することなく、手をつないでくれていました。

先日、障害のある子どもの「性の研修会」がありました。

そのなかで、重度知的障害のある22歳男性の入浴法について、ある親子の事例が紹介されていました。男性の母親は裸になって一緒に風呂に入り、身体《からだ》を洗っていたというのです。「でも、これはやってはいけないこと」と講師は指摘していました。どうしてかと言うと、「知的遅れがあっても、実年齢は22歳の立派な男性だから」です。かといって、誰かに入浴介助を毎日頼《たの》むわけにはいきません。

こんな時は、「母親はＴシャツや水着を着て、入浴介助をするように」とのアドバイスとともに、「たとえ知的遅れがあっても、実年齢に応じた対応をするように」との話がありました。私はコウちゃんと手をつないでいたことを反省しました。

次の外出の時、「コウちゃん」でも「コウさん」でもなく、私は名字《みょうじ》で呼ぶことにしました。

私は、「鈴木さんは大人だから、今日からは手をつながないようにしますね」と伝えました。鈴木さんは素直に、「はい、わかりました」と答えました。けれども、鈴木さんは手をつなぐことがパターン化してしまったのでしょう。しきりに手を握《にぎ》ろうとします。

そこで私は、「ごめんなさい。今日からは手をつながないようにしましょう。鈴木さんはもう大人なのに、この前の、私の鈴木さんに対する対応が間違っていたことに気づきました」と伝えました。

すると鈴木さんは、「女の人と手をつなぐのは犯罪です。刑務所です。逮捕《たいほ》です」と抑揚《よくよう》のない声でずっと叫《さけ》んでいました。

私は、「手をつないだからといって、逮捕されることはありませんから安心してくださいね」と何度も説明しました。

実年齢に合わせた対応をしよう

息子は現在23歳です。特別支援学校に通っていた6歳から18歳まで、下校後は放課後等デイサービスで過ごしました。そこのスタッフさんは、息子を幼い頃から見ているので、私と同じ気持ちになって「○○ちゃん」「○○」と息子のことを呼んでくれていました。

私もそれが心地よかったのですが、特別支援学校高等部を卒業して、短期入所施設を利用した時、そこのスタッフさんは、「立石さん」と息子のことを「さん付け」で呼んでくれました。親への報告の時も、「食事は全部召《め》し上がっていました」と、一人前扱い、大人扱いしてくれて、嬉《うれ》しい気持ちになりました。

障害の軽度重度にかかわらず、実年齢に合わせた対応が必要なのだと思います。

〈著者プロフィール〉

立石美津子

たていし・みつこ

20年間、学習塾を経営し、その後、著述家・講演家として活動。自閉症スペクトラム支援士。『1人でできる子が育つ「テキトー母さん」のすすめ』（日本実業出版社）、『「はずれ先生」にあたったとき読む本』（青春出版社）、『立石流 子どもも親も幸せになる発達障害の子の育て方』（すばる舎）、『動画でおぼえちゃうドリル 笑えるひらがな』（小学館）など著書多数。また、松永正訓著『発達障害に生まれて――自閉症児と母の17年』（中央公論新社、日本医学ジャーナリスト協会賞・大賞受賞作）のモデルにもなっている。

オフィシャルブログ　https://ameblo.jp/tateishi-mitsuko/

ボイシーサイト　https://voicy.jp/channel/4272

育《そだ》ててわかった 発達《はったつ》障害《しょうがい》の子《こ》の就学《しゅうがく》・就労《しゅうろう》・自立《じりつ》の話《はなし》

2024年1月31日　初版第1刷発行

著者　立石美津子《たていしみつこ》

発行者　大島光明

発行所　株式会社　第三文明社

東京都新宿区新宿1-23-5

郵便番号 160-0022

電話番号 03-5269-7144(営業代表)

03-5269-7145(注文専用)

03-5269-7154(編集代表)

振替口座 00150-3-117823

URL　https://www.daisanbunmei.co.jp/

印刷・製本　藤原印刷株式会社

ISBN 978-4-476-03422-6